苏州大学东亚历史文化研究中心
吉林省社会科学院满铁研究中心

满洲交通史稿补遗

第四卷

主　编　武向平　孙　彤
副主编　孙　雁

社会科学文献出版社
SOCIAL SCIENCES ACADEMIC PRESS (CHINA)

本卷目录

海运港湾编　四

港湾编·第三类·运营关系资料（下）

满铁会社关于船舶业务由其统一管理的意见书　明治末期？……三
大连港行政管理及经营……二三
关于大连码头役使劳工分析　大正三年八月……二六
关于大连港劳工收容所建筑问题……四九
大连港转移码头劳工收容所所有权之件……六七
增加篦子窝、柳树屯两条新航线购船资金贷款之件　大正三年……九五
北支那沿岸各港口重要货物调查书……一一五
船舶底账登记　大正三年十一月……一二六

俄国皇帝尼古拉斯关于开设大连自由港的敕谕　一八九九年八月……一四二
大连实业会长对撤销大连自由港地位的不同意见　大正三年三月……一四七
一九二九年中俄交涉（港口、海运）……一五五

铁路编　一

编撰满洲交通史资料目录（使用资料目录）（一）　昭和十九年一月……二一一
关于昭和五年度铁路借款事项……二七五
一、为中日实业公司垫付款之件……二七六
二、垫付交通部顾问中山龙次俸禄之件……三二一
三、四洮打通联络设备之件……三四一
四、打通线开通后通辽出发和达到货物情况……三四九
五、关于四洮线四平街站建设之件……三八一
六、关于用英美货物顶替四郑公债利息汇兑亏损差额之件……三八五
七、非法解聘吉敦局派遣员、拒不支付四洮铁路借款本利等十三件……四五〇

八、海吉线对满铁线产生的影响……四七四
九、吉敦线社用枕木运费折扣之件……四九九
十、吉长利润计算方法……五一三

海运港湾编

四

No. 1

（60）

會社ノ船舶事務統一ニ関スル意見書（[illegible]）

第一　會社ノ船舶事務ヲ統一スル為船舶課ヲ新設シ之ヲシテ運炭船ヲモ扱ハシムルノ可否

會社ノ船舶事務ヲ統一スル為メ新ニ船舶課ヲ設ケ之ヲシテ運炭船事務ヲモ掌ラシムルノ案ハ一見各課所ニ散在セル事務ヲ統一シ以テ其進捗ノ便利ト経費ノ節約ヲ得ルカ如キ観アルモ深ク事ノ実際ヲ考究シテ利害得失ヲ判断スルトキハ決シテ其然ラサルヲ知ル由来大會社ニ於ケル分課制度ノ立案ハ事ノ実際ヲ顧慮シテ定メサレハ之カ為メニ来ルヘキ損失ハ明瞭ナル数字ニ表ハサルモ知ラス知ラスノ間ニ重大ナル結果ヲ来スモノアルヘシ

而シテ現在ノ状況ノ下ニアリテハ運炭船事務ハ石炭販売ノ課

No. 2

所ヲシテ取扱ハシムルヲ以テ最モ便宜ニシテ合理的ナルヲ信ズルモノナリ何ガ故ニ販賣ト運炭船事務トヲ同一課所ニ於テ取扱フヲ便宜トスルカハ運炭船ニ関スル事務カ石炭販賣業務中如何ナル地位ヲ占ムルカ換言スルトキハ運炭ト販賣トノ関係如何ヲ考究スルトキハ自ラ明白ナルモノアルヘシ今項ヲ分テ之ヲ論セン

一、大量貨物ノ原價ト運賃　石炭ハ標準的大量貨ナリ而シテ販賣原價ノ最大要素ハ採炭費ヨリモ寧ロ海陸運炭費ナリトス　今南清方面ヘ沖着毎屯ノ金八円替ヲ以テ販賣ストト假定セバ採炭費二割一分（昨年度平均ニ依ル）諸掛七分残餘ノ中約六割五分ハ実ニ海陸運炭費ナリトス是ヲ以テ運炭費ノ節約換言スレハ大量貨物ノ運送ニ成功スルハ即チ販賣ニ成功スルト云フモ敢テ過言ニアラス運送（更ニ適切ニ云ヘハ運送及荷役ヲ離レテ販賣ヲ行フハ至難ト云フベシ

二　陸運ト海運　右ノ論理ヲ以テスレハ鉄道ノ石炭運輸モ亦販賣ヲ扱フモノトシテ掌ラシムルヲ要スルコトトナルモ由来海運ハ鉄道ト其経済的機能ヲ一ニスルニ拘ラス運賃現象ハ根本的ニ相違シ後者ノ独占的不変性ヲ有スルニ対シ前者ハ競争的変動性ニ富ム即チ鉄道ニヨル運送ハ之ヲ

No. 4

他會社ニ託送スル場合ニ於テモ通常運賃率一定シ然モ永續的性質ヲ有スルノミナラズ鉄道運輸ノ目的物ハ石炭ニ限ラ是ヲ以テ鉄道ガ単ニ炭坑ヨリ積出港ニ至ル石炭専用ノモノナルトキト雖モ尚且ツ之ヲ他ノ課所ニ屬セシメテ何等不便アルナシ之ニ反シ海運ハ常ニ変動シ之ヲ利用スルノ途宜シキヲ得ルヤ否ヤハ直接販賣ノ利益ヲ左右スルナリ

三　石炭相場ト海運

海運界ニ於ケル標準運賃ハ石炭ノ運賃ナルモ運賃ノ高低ハ元ヨリ炭況ト其ノ歩調ヲ一ニセス石炭輸送カ海運ノ目的ノ一部分タル以上自ラ別様ノ原因

No. 5

ニ依リテ相場ヲ現出シ来ル是ヲ以テ採掘其宜シキニ適ヒ販路モ亦恰好ノモノタリトスルモ若シ海上運賃ニシテ破格ノモノタランカ販賣ハ結局不成立ニ終ラサルヘカラス

四 新販賣路ト運價

輸出炭新販路ノ開拓ハ海運ノ利用宜シキヲ得テ初メテ行ヒ得ヘキナリ石炭ノ品質上値段ノ如何ヲ問ハズシテ需要ナキ場合ハ格別通常ナル場合新販路ノ開拓ハ即チ値段ノ競爭ヲ意味ス而シテ此間ニ在リテ勝利ヲ得ルヤ否ヤハ一ニ海運ノ利用ニ懸ルモノニシテ然モ運價ノ高低常ナラサル滿洲貿易ノ常ニ片荷ニシテ船腹需供相反スルアリ。販賣スル者熱心事ニ当ラサレバ好條件ヲ

No. 6

得ルヲ難シトス。

以上大畧論シタル如ク採堀、運炭、販売ノ三者ハ石炭業ノ三相ナルト上出炭総数量ノ中、社用及地売ハ其範囲限定シ屈伸力ニ乏シキモ輸出ハ即チ然ラス採炭状況如何ニ依リテ屈伸セシメ尚且相当ノ利益ヲ挙ゲザルベカラズ之ヲ完フスルニハ海運ヲ離ルヘカラザルナリ

更ニ新設船舶課ヲシテ運炭事務ヲ扱ハシメタル場合其結果如何ヲ想像スルニ左ノ如キモノアルヘシト思フ

一、運賃率ノ高騰、販売ノ任ニアラサル課所ノ石炭運賃引合ハ其結果ニ付テ痛痒ヲ感スルコト大ナラサルヲ以テ年

No. 7

ヲ通シテ價率平的ノ傾向ハアルヘキモ結局高率トナルヲ免ルヘカラス、況ヤ船舶課自身相当ノ利益ヲ得テ成績ヲ挙ケントスルハ自然ノ勢ナルヤ其結果賣炭ニヨル會社ノ利益ヲ減少スルニ至ルヘシ

二、買手ノ利得　運賃高騰スレハ自然需用者側ニ於ケル恰好ノ運賃ヲ得ルコトトナリ沖着販賣減シテ船乗渡販賣増加シ海運ノ利用ニ依ル利益ハ結局海運業者ト買手側ノ所得トナルヘシ

以上ハ會社カ現在営ナル船舶業務ノ範圍ニ於テ之ヲ統一シ以テ新設ノ課所ヲシテ之ヲ扱ハシムルモノトシテ立論セリ、現今

No. 8

運炭船事務以外ニ於ケル船舶事務ハ即チ埠頭事務所ノ取扱フモノナルガコハ石炭販賣ヨリ来ル利益ヲ一層確実ナラシムル為メニ行フ運炭船事務ト頗ル趣キヲ異ニシ元来鉄道貨客ノ培養又ハ聯絡ヲ以テ其目的トスルモノ両者其性質ヲ全然異ニス、會社ノ會計制度ハ業務ノ性質ノ異ルニ従ッテ其各事務ノ損益ヲ算出ス鉱業ニ関スルモノハ即チ石炭ノ所謂三拍子ヲ統合シ以テ其収支ヲ明ニスルヲ可トスヘキカ

論者或ハ曰ハン三井物産會社ハ神戸ニ船舶部ヲ設ケテ船舶事務ヲ統一スルニアラスヤト是実状ヲ見サルノ言ナリ三井ハ石炭ノミナラス各貨物ノ積出地及仕向地即チ移動地域ハ頗ル廣ク

No. 7

且ツ普及的ナリ是ヲ以テ船舶部ハ~~海運界ニ重キヲナスニ至ル~~（ノ設置ノ意義）
石炭ノミノ輸出ニ関スル船舶事務ト比スヘクモアラス然モ最
モ注意スヘキハ三井ニ船舶部アルニ拘ラス石炭運送ノミハ趣ヲ
異ニシ門司、上海、香港支店ノ如ク石炭ヲ重要商品トスル個所
ハ即チ自ラ中央船舶部ト離レテ月極傭船又ハ一般傭船ヲ有シ石
炭販賣ト運炭事務ヲ統一シ分離スルコトナシ、是レ両者ノ関係
密接離スヘカラサルモノアルニ依ル
更ニ三井以外ニ於テ之ヲ見ルニ三菱會社ハ営業部ニ於テ石炭
販賣ト運炭船事務ヲ統一ス其ノ他比較的小規模ノモノニアリテ
ハ勿論両者ヲ分離スルコトナシ。

南満洲鐵道株式會社

No. 10

現今販売課ノ運炭船事務ハ之ヨリ改善ノ餘地アルヤ言フヲ俟タ
スト雖モ制度ノ上ニ於テハ最モ適当ナルモノト信ズ

終

南満洲鐵道株式會社

其二　長期傭船ノ理由ト其効果

現今社船二隻以外ニ~~現今~~運炭船トシテ長期傭船セルモノ六隻此總屯數ニ万一千八百餘屯此外本年末ヲ以テ終了スルモノ一隻三千四十三屯ノモノアリ）而シテ右ノ中久義丸多義丸ノ船主ニ対スル貸金四十五万円（現在残高四十三万五千円毎月五千円償却）天山丸呉山丸及泰山丸ノ船主ニ対スル貸金二十五万円（現在残高十七万五千円毎月五千円償却ニシテ六隻ノ傭船料毎月金五万七千八百円（現在ノ傭船料率ニ依ル）ナリトス

上記契約ハ実際上會社ノ運炭事務ニ如何程ノ利益ト便宜トヲ與ヘタルカ換言スレバ運賃率ノ上ニ於テ將又輸出賣炭ノ上ニ於

No. 12

ケル該契約ノ効力如何ノ問題ハ事実如此準備ナカリシ場合ニ如何ナル結果ヲ来シタルカノ問題ト比較考究ヲ要スルヲ以テ勢ヒ実際ニ表ハレタル数字ヲ以テ説明スルコト困難ナリト雖モ第一會社ノ輸出炭一ケ年大略百万屯ニ対シテ海上運送上如何ナル根本方針ヲ可トスルカ及第二ニ前記長期契約ナ成シタル前後ニ於テ東洋海運界ハ如何ナル状況ニアリシカ及当時ノ会社ノ炭繰如何ノ問題ヲ明ニスレバ自ラ明瞭ナルモノアルヘシト信ズ

一　輸出炭ノ船腹ニ関スル方針　満洲ヲ中心トスル貨物ハ所謂片荷ニシテ重ナル貨物ハ輸出ナルニ対シ更ニ輸出石炭約百ノ万屯ヲ加フ是ヲ以テ船腹ノ配給状況常ニ一方ニ偏シ輸

No. 13

入ルキ為メ復荷困難ニシテ所謂拾船ノ取極困難ナリトス
斯ル状況ノ下ニ大會社トシテ運炭船操上取ルヘキ方針ハ
蓋シ常ニ安全ナル方法ヲ講シテ以テ大局ニ違算ナカラン
コトヲ期スルニアルヘク萬一ヲ僥倖シテ奇利ヲ得ントス
ルカ如キ或ハ将来ノ運賃界ヲ想像シテ豫メノ準備ヲ怠ル
カ如キハ最モ避クヘキナリ
昨年度ノ輸出炭総計約百十三万屯（本渓湖炭十万屯ヲ含
ム）ノ中、船東打切ヲ以テ販賣セルモノ約十三万屯及朝鮮
鉄道ニ依レルモノ約十五万屯計二十八万屯ヲ除キ残高ハ
十五万屯ニ対シテハ即チ船腹ノ問題ヲ生ズルナリ、而シ

No. 14

テ仕向地如何ニ依リ船腹供給ノ状況ヲ異ニスルヲ以テ概括的ニ云フ能ハスト雖モ大体ニ於テ總輸出量ノ約七割ハ少クトモ船腹ノ用意ヲ要シ船腹供給困難ナル方面ノ輸出ニ対シテハ其全数量ニ対スル準備アルヲ以テ安全ノ策トナス

今前記八十五万屯ニ対シ其仕向地方別ヲ見ルニ

一、日本内地　三十五万屯

二、台湾　五万屯

三、南洋及南清方面　三十万屯

四、朝鮮　七万屯

No. 15

五、山東及北清方面　七万屯

六、其ノ他　一万屯

合計　八十五万屯

右ノ中十五十六ハ沿岸半定期航船腹ヲ利用シテ需給相當リ、十四朝鮮ハ社船泰昌丸及沿岸船ヲ以テ其要求ニ應スヘシ、而シテ最モ注意スヘキハ十一十二十三、即チ南洋、南清打狗及内地トス、日本ニ対スル輸送船腹ハ十三ノ南洋方面ニ対スルモノニ比シ困難少キハ勿論利用スヘキ近海航路船ノ出廻リ比較的潤澤ニシテ三十五万屯中約七八

南滿洲鐵道株式會社

No. 16

割ノ船腹用意アラバ即チ足ルベク余ハ臨時一航傭船ヲ以テ補綴スルコトヲ得ベシ、而シテ用意ヲ要スル船腹モ特ニ月極船ノミニヨルヨリモ一定数量ノ賃積契約ニ依リテ或ハ却ッテ有利ノ結果ヲ見ル場合多キカ如シ、現今月極傭船タル南洋丸ヲ此ノ方面ニ配シ復荷ナキ場合ヲ想像スレバ、其ノ一ヶ年輸送能力約七万屯ニ過ギズ、現今大部分ハ賃積契約ノ方法ニ依ル最後ニ船腹ノ供給比較的困難ニシテ輸出炭数量ノ大部分又ハ全部ニ対シテ準備ヲ要スルハ南洋、南清及台湾方面ノ三十五万屯之ナリ。

右三十五万屯ニ対シ現在長期契約船六隻此貨物積載量

No. 11

合計約二万八千屯．各船一ヶ年十一航海平均（復荷ナキ場合ニシテ最長四十五日．最短二十日見当．入渠定期検査アルヲ以テ一ヶ年十一航ト概算ス）トスルトキハ該船腹ノ運送能力ハ即チ大略三十万屯ニシテ尚五万屯ノ船腹不足ナリ之ニ対シテ埠頭事務所ハ香港準定期船ヲ以テ補充シタリ

右ノ計算ヲ以テスレハ即チ需給相当スルモ之レ復荷ナキ場合ヲ豫想シタルナリ．是ヲ以テ実際上空船廻航ハ航行困難ニシテ日数ヲ空費スル場合多クナルヲ以テ若シ恰好ノ復荷アルトキハ之ヲ積取ルコト．ナルヲ以テ各船平均一ヶ年十一航海ヲナスヲ得ス．新嘉波彼南ヨリ爪

No. 18

哇ヘ廻航シ内地ヲ経テ帰航スレハ大略八十日ヲ要ス、本年ノ如キハ埠頭定期船常ニ二隻ヲ得タルト更ニ南洋丸ヲモ助勢セシメ以テ船腹ノ必要ヲ満セリ、然モ昨年出炭ノ意ノ如クナラス南清方面ヘ積出ヲ溯リタルモ今後輸出炭ハ増加スルヲ考フルトキハ上述六隻ノ長期船ヲ有スルハ適当ト信ス

二、長期契約成立当時ノ海運界　上記六隻ノ長期傭船ヲ為シタル当時ノ前後ニ於ケル海運界状況如何ト言フモ久敷振ハサリシ海運界ハ大正元年ニ入リテ確実ニ好況ヲ呈レ今年秋期ヨリ昨年夏ニ至ルマテ十数年来ナキ活況ヲ示セ

No. 11

リ。外国ヨリ輸入船舶頻ニ増加スルモ絶ヘテ繋船スルヲ聞カス本年夏ニ至リテ初メテ多少下向トナリタルモ依然欧洲ノ大乱日独戦争ノ開始トナリタル後ノ状況豫測シ難キモノアリ。戦後船腹ノ需要増加スルコト蓋シ明白ナルベキカ、而シテ会社カ長期契約ヲナシタル当時貨物積載量毎屯当リ金二円ヲ下ラズ甚シキハ二円五十銭見当ノモノ勘カラサリキ。而シテ前記六隻ノ傭船料ハ平均シテ積載量一屯当リ金一円五十銭ナリ而シテ船主カ貸金ヲ得ル利益（貸金ハ日歩二銭二厘ノ利息ヲ支払フモ元来船舶ニ対シテ金融ノ道完全ナラサル我国ニテハ好條件ト云フヘシ）

No. 20

及傭船者カ大會社ニシテ間違少キノ利益アリタレバコハ当時ノ相場ト懸絶セル傭率ヲ以テ契約ニ應シタルモノニシテコレニ依リ會社ハ過去一二年間ノ中極メテ短日月ノ間下落ヲ見タル運賃ヲ利用シテ奇利ヲ博セサリシモ一方安全ニシテ時價ヨリ優ニ安價ナル運賃ヲ以テ運炭ヲ継續スルコトヲ得タリ現ニ昨年中ニ割以上ノ高値ヲ以テ月極船ノ又借リ申来レルモノ二三ニ止マラザリキ、而シテ會社石炭ノ地賣及社用ハ其量一定シ其以外ノモノハ悉ク輸出スル際若シ船腹ノ準備ナカリシモノトセバ驚クベキ結果ヲ見タルコト明白ナリトス

終

ヨ—0022　B列5　28字×10　南滿洲鐵道株式會社　（13. 9. 5,000冊 ）

No.

大連港の行政管理及経営（海務局編）

我国に於ける港湾行政は内務省・大蔵省・逓信省・商工省・鉄道省等に於て区々に管理せられ種々の不便尠からず。之が統一改善に関する議論あるも、大連港に於ては明治四十年十一月二十九日、府令第七十二号を以て管海官庁海務局を設置し、挙げて以て港湾一切の統一ある行政を掌らしめ港務、航路標識、錨地指定、海港検疫、港湾衛生等港則の執行、船員事務、船舶の測度、検査、船籍事務、其の他海事事務の一切及船舶職員、水先人の監督等、船舶港湾に関聯する一切の官庁事務を総轄し、又局内に船舶職員及水先人懲戒委員会を常設し、海事審判権を執行す。更に大連水上警察署は、船舶

0022　B列5　28字×10　南滿洲鐵道株式會社　（15. 3. 3.000冊 ...）

No.

船員、船客及一定地域内に於ける司法、保安、衛生等一般警察行政を司る。又陸軍運輸部出張所は専ら軍隊輸送上に関する特別任務に従ふ。又大連に於ける現在の税関制度は明治三十八年の日清協約に依り、関東州を関税の自由区域と定めたるものにして、同四十年五月清国総税務司ロバート・ハート代と北京駐剳公使林権助代との間に締結せられたる大連海関設置及内水汽船航行に関する協定に依り大連に支那税関を設置し以て大連港発着貨物の関税を徴収す。（詳細後述関の項参照）

一方、大連港の施設経営に関しては明治三十九年八月一日附南満洲鉄道株式会社に対する政府命令書第三条第二項に依り、同社を

No.

して之が一切を挙げて、その任に当らしむ。即ち港湾の維持修築増設、並に埠頭港湾事務の管理、及経営、鉄道運輸、倉庫保管等之なり。而して同社は、其の管理並に経営を鉄道部に命じ、鉄道部は更にその綱目の施行を埠頭事務所に委す。

港灣運営　百十八ノ一ノ十八

整備項目			
索引番號		文書番號	

件名

大連埠頭ニ使役スベキ労働者ニ就テ

備考

大正三年八月

B列5

(12. 7. 5,000枚 松浦謄納)

No.

大正三年八月二十六日

大連埠頭ニ使役スベキ労働者ニ就テ

南満洲鉄道株式会社　埠頭事務所長

港湾経営ノ本旨ヨリ考ヘ、大連埠頭ニ使役スベキ労働者ニハ日本人ヲ採用スベキカ将タ支那人ヲ採用スベキカノ問題ヲ決センニハ先ヅ如何ナル労働者ヲ使役スルガ適当ナリヤ及日支人労働者ノ孰レカ最モ善クコノ注文ニ適スルモノナルヤヲ考察研究スルヲ要スベシ

所要労働者ノ資格ヲ列挙セバ大略次ノ如シ

一　性質温良柔順ナルコト

No.

二、風土ノ障ナク身体強健ナルコト

三、膂力忍耐力強大ナルコト

四、労役ニ熟練セルコト

五、勤勉ニシテ服務確実ナルコト

六、賃金低廉ナルコト

七、労力供給上ノ便利アルコト

右諸点ニ関シ日支両労働者ヲ比較スレバ

一、性質温良柔順ナルコト

支那人労動者ノ温良柔順ナルハ其国民性トモ称スベキモノニシテ日本人労動者ノ激怒シ易ク無分別ナルト正ニ一ノ誇ニアラサル一

No.　2.

ナリ

二、風土ノ障ナク身体強健ナルコト

労働者ノ身体強健ナルベキコトハ殆ト問題トナラサル処ナリ只風土ニ対スル抵抗力ハ土着人ニ比シ移住者ノ弱キハ争フベカラザル点ナルベシ

三、勞力忍耐力強大ナルコト

自然淘汰ノ結果今日使役ノ支那苦力ハ概シテ此性質ニ應ヘ（ズ）ルモノナリ勞力ニ於テ日本人ハ此支那苦力ノ敵ニハ非ラザルベク忍耐力ノ点ニ於テモ満洲ニ入リ込メル現在ノ所謂労働者ニ対シテハ只々敷き性質ナリ

No.

四、労役ニ熟練セルコト

労役ニ対スル熟練ハ一朝一夕ノ能スベキコトナラズ何者ヲ以テスルモ埠頭現在ノ業務ニ対シテハ現在ノ苦力程熟練セルモノハ非ラザルナリ

若今之ニ従事セル労働者ヲ取リ替エルトセバ今日ノ熟練ニ達スルニハ最モ善キ労働者ヲ以テシテモ尚相当ノ年月ヲ要スベク之埠頭経営上多大ノ犠牲タルベシ

日本人労働者ハ多クハ着実ノ風ニ乏シク水草ヲ逐フテ流浪スル傾アレバ一事一物ニ精通熟達ノ熱心ト努力ナク完全ナル意味ニ於テ労役ニ熟達スルヲ望ムコトハ甚ダ難事タルニ似タリ

No.

殊ニ満州ニ流浪セルモノニ多キカ如シ

五、勤勉ニシテ服務確実ナルコト

日本人労働者ハ一氣呵成的ニ　仕事ヲナス点ニ於テ支那人

苦力ニ比シ遥ニ優レリ然レ共仝一ノ労役ニ耐ヘ長時間仝一ノ熱

心ヲ継續スルコトハノロマナル支那人ノ得意トスル処ナリ

労働ニ勤勉ニシテ確実ナルハ支那人ノ特長ナルベシ。

六、賃金ノ低廉ナルコト

三ハ一ニ労働者ノ生活費ノ多少ニ因ルモノナリ日支労働者ノ

生活費ヲ瞥見スルニ如何ニ安價ニ見積ルモ

支那苦力　一日　金弐拾銭

No.

日本人労働者　一日　金五十銭

ノ見当ナルベシ。尚右ハ独身者ノ場合ナルモ茲ニ注意スベキハ土着支那苦力ハ独身ニテ稼グコトヲ苦ニセザルモ移住者タル日本人ハ妻帯ヲ急グノ傾キアリ妻帯スレバ生活費ハ約五割ノ増加ヲ見込マザルベカラズ

則チ日本人労働者ハ支那苦力ニ比シ約二倍ノ生活費ヲ要スルガ故ニ日々ノ収得モ亦之ニ準ジテ高額ヲ要スルニ至ルハ当然ナ結果ナルベシ

若強テ支那苦力ト仝一ノ賃金ニテ働カシニハ勢ヒ日常ノ生活状態ヲ支那苦力ト同程度ニ引下ゲザルベカラズ之レ果シテ彼等

No.

ノ如ヒ得ル処ナルヤ甚疑ナキ能ハズ

七　労力供給上ノ便利アルコト

業務ノ性質上常ニ一定員数ノ労働者ヲ要スル場合ニアリテハ此点或ハサシテ重要性ヲ感ゼザランモ季節ニ従ヒ業務ノ繁閑極メテ著敷キ大連埠頭ニアリテハ此点大ニ研究ニ値スベク必要ニ応シ不要ノ労力ヲ得ルニ容易ニシテ又閑散時ニ之レカ処分容易ナルコトハ最大切ナル要件ナリ繁劇ノ際手不足トナリテ業務ヲ渋滞セシムルコトノ不都合ナルガ如ク閑散時ニ無用ノ人足過多ニ苦ムガ如キ事アルベカラズ

此点移住者ナル日本人ヲ使役スル時ハ土着ノ支那苦力ヲ使役ス

No.

ルガ如ク便利ナラズ如此比較スル時ニハ大連埠頭ニ使役スベキ苦力トシテハ日本人労働者ハ到底支那苦力ニ及バザルヤ勿論ナリ然リト雖如上ノ優劣ヲ度外視シテ強ヒテ日本人労働者ヲ使役スル時ハ其影響果シテ如何ヲ考~~ル~~フルトセバ、

~~然リ日本人労働者ヲ使役キルトセバ~~

（一）全部日人労働者使役ノ場合

（二）日本人労働者ト在来苦力共同使役ノ場合

~~右ニ様ノ場合ニツキ研究ノ要アルベシ~~

右ノ二様ノ場合ニツキ研究ノ要アルベシ。

（一）全部日本人労働者使役ノ場合、

No.

（イ）苦力賃ノ支払額増大スベシ

最近四ケ年度ニ於ケル埠頭苦力賃ノ支払額左ノ如シ

四三年度	五〇八、四九五、九一円
四四年度	四六五、五四六、二六
大正元年度	六〇七、五九七、七四
〃二年度	六四八、九三六、七四

従リニ在来ノ苦力ニ代フルニ之レト同様ノ能クアル日本人労働者ヲ以テシ同様ノ成績ヲ挙ゲ得タリトスルモ之レカ支払賃金ハ其生活費ニ準シ支那苦力ノ二倍ヲ支払ハザルベカラザルベシ若果シテ然リトセバ之誠ニ容易ナラザル事ナリ、大連埠頭ノ大

No.

必三年分興業費予算ハ僅ニ七十万円ヲ割当テラレタルノミナリ然レ共支那苦力ト同様ノ能力アリ且ツ同様ノ成績ヲ挙ゲ得ベキ日本人労働者ヲ今日満州ニアル所謂労働者中ニ求ムル事ハ決シテ容易ノ業ニ非ラザルベク自然劣等者ヲ以テ之ニ充ツル時ハ右ノ二倍ノミニテハ同一ノ結果ヲ得ル事困難ナルベシ

(ロ)埠頭能力ノ減退

加之劣等ナル労力ヲ使用スル時ハ只ニ費用ヲ増大スルニ止マラズ埠頭能力ノ全般ニ悪影響ヲ與フル事自然ノ勢ニシテ為ニ岸壁ノ利用ハ害サレ繋船岸ヲ短縮セシト同一ノ結果ヲ来シ或ハ倉庫ノ利用ヲ害シ貨物保管上ノ安全又ハ懸念セラルベク諸荷役

No.

作業ニ十分ナル進捗ヲ見ル能ハザル故遂ニ大連港ノ声価ヲ害スルガ如キ事ナキヲ保セズ

(一) 設備ノ改良期シ難シ

苦力賃ノ支拂高著數増大スルニ於テハ経費倒レトナリテ到底埠頭諸設備ノ改良ハ増テ望ムベカラザルベクカクテハ港湾経営上由敷キ結果ヲ来スモノト云フベシ。

(二) 統御上ノ困難

埠頭ノ労役ハ日本人労働者ノ独占ナリトノ観念ハ役業ヲ駆リテ忽チ傲慢ノ気風ヲ助成セシメ動モスレバ暴徒的色彩ヲ帯ビタル労働ヲ敢テシ統御上困難一方ナラザルベシ

No.

二、日本人労働者ト在来苦力ト共同使役ノ場合、

日本人労働者ト支那苦力トヲ共同使役スル時ハ彼此有無相通ジ日本人ノミヲ使役スル場合ニ比シ優レルモノアリトナスモノアランモ元来日本人ニハ支那人ヨリモ優等ナリテフ先入観念ノ除去シ得ザルモノアレバ日支労働者ヲ一団トスルモ彼等ノ間ニハ到底十分ナル融和ハ見出シ得ザルベシ

日本人労働者ガ労働者トシテ実際ニ支那苦力ニ優越スルナラバ兎ニ角然ラズシテ敢テ支那人ノ上位ニ座ロントスルニ於テハ忽チ彼等ノ間ニ問題ヲ生ズベク日本人労働者ハ支那苦力ノ軽侮ヲ甘受セザルベカラザルニ到ルベシ

イ-0022　B列5　28字×10　南満洲鐵道株式會社

No.

殊ニ従来満州ニ入リ込メル日本人労働者ハ名ノミ労働者ニテ実ハ支那苦力ヲ頤使シ来レルモノ十中ノ八九ニ属スルガ故ニ今日直ニ支那苦力ト同列ニ並立テ労役ニ服スル事ハ到底彼等ノ能ク堪ユル処ニアラザルベキヲ思ハザルヲ得ズ。此意味ニ於テ支那苦力トノ共同勤作ハ期待シ難ク頗ル困難ナルガ如シ

自然上ノ統御上頗ル困難ナルモノアルベシ

賃屋ノ点ハ日本人労働者ニハ高キ率ニ拠リテ仕拂ヒ支那苦力ニハ低キ率ニヨリテ支拂フトセハ両者ハ著シク権衡ヲ失シ甚不條理ナル結果トナルベシ、加之支那苦力ニアリテモ一方ニ高キ賃率アルヲ知ルニ於テハ決シテ彼等ノミ低キ賃率ニ甘ンゼー

No.

ルベクサレバトテ全体ノ賃金ヲ引上グルコトナリテハ日本人ヲ使役セシカ為メ支那苦力ニ対シ無用ノ賃金増加ヲナス譯トナリ甚滑稽ナル現象タルノミナラズ之レカ結果ハ全部日本人使役ノ場合ト合一ナルニ到ルベシ。

往年埠頭事務所開始當時市中各運送店所属ノ日本人仲仕ノ多数ヲ会社ニ引継クコトノナリタルニヨリ一時彼等ヲシテ支那苦力同様ノ作業ニ従事セシメシ事アリシカ彼等ハ労役ニ対スル熱心ナク成績挙ラス高キ日給（金八十銭以上一円五六十銭迄位）ニ対シ引合ハザル結果トナリシヨリ今日ノ従業助手ノ前身トシテ支那苦力ノ作業監督並ニ他ノ事務ニ従事セシムルコトニ

タ-0022　B列5　28字×10　南満洲鐵道株式會社

No.

トモ写スナクコノ試ミヲ中止セシコトアリ蓋シ最モ低廉ナル労力ヲ供給スル支那苦力トソノ本モナル満洲ニ於テ移住者タル日本人ガ此点ニ於テ競争セントスルコトハ遂ニ勝算ナキヤ瞭ナリ。大連埠頭ニ於ケル諸荷役作業ノ成績如何及賃金ノ高低ハ直ニ満洲貿易ノ消長ニ影響スルコト甚大ナルモノアリ会社ハ深ク茲ニ鑑ミル処アリ創業以来港湾設備ニ投ジタル巨萬ノ資本ニ対シ償却積立ヲ犠牲ニ供シ敢テ之ヲ一般貨主及船舶ニ負担セシムルコトヲセズ僅ニ経費ヲ弁スルノミノ範囲ニ於テ営業ヲ継続シ又使役労働者ノ訓練及之レカ経営方法ニ就テハ最モ苦心ノ存スル処ニシテ幾多経験研究ノ結果現下ノ支那苦力

B-0022　B列5　28字×10　南満洲鉄道株式会社

No.

本位ノ制度ヲ採用シ日本一労働者ヨリ抜群ノ者ヲ選抜シテ之レカ養成訓練監督ノ衛ニ当ラシメ以テ繁栄策ナキ埠頭諸荷役ニ対シ遺憾ナキヲ期シ又公時ニ傷病者ノ手当衛生取締等ニ対シテモ十分ナル責任ヲ負ハシトナル請負制度ニヨリ以テ今日ニ到リシサレバ單ニ在満日本人失職者ヲ救済スルカ如キ意味ニ於テ此制度ヲ改メ支那苦力ニ代フルニ所謂日本人労働者ヲ以テスルガ如キハ埠頭経営ノ本旨ニ副ヘル結果ヲ得ル所以ノ途ニ非ラザルヤ明ナリ

試ニ作業ノ大連埠頭ノ夫ニ相似セル大阪及神戸ノ波止場仲仕ノ収入及生活費ヲ見ルニ

B列5　28字×10　南満洲鐵道株式會社

No.

一、大阪川口波止場仲仕

収入　常傭　一ヶ月　最高金四十八円　最低金二十二円

臨時日傭　一日　最高金一円四十銭　最低金一円十銭

生活費　独身者　家賃食料金十五円
被服其他、医療費金三円　）十八円

妻帯者　家賃食料　金二十二円
被服医療費其他　金五円　）二十七円

一、神戸波止場仲仕

収入　陸上仲仕　最高金一円十銭　最低金七十銭

沖仲仕　最高金一円二十銭　最低金七十五銭

ヤ-0022　B列5　28字×10　南満洲鐵道株式會社

No.

生活費　家賃食料被服料ヲ含ム　平均金二十三円

但独身者妻帯者ノ平均生活費

若シ之等ノ仲仕ヲ大連ニ拉シ来テ荷役ノ衝ニ当ラシメンニハ尠少クモ彼等ノ内地ニ於ケル現在収入ノ五割以上ノ割増ヲ与ヘ、シカモ所要ノ大員数ヲ得ル事ハ到底不可能事ナルベシ

大連埠頭作業噸数、荷役用苦力人員及支拂賃金

年度	作業噸数	荷役用苦力 總延人数	荷役用苦力 平均一日人員	荷役用苦力 平均一人荷役	支拂賃金 總賃金		支拂賃金 平均一人賃金
43	3.596.061	1.017.862	2.789	3.39	508.495	91	5
44	3.445.884	1.101.089	3.008	3.18	465.546	26	4
大正 1	4.718.122	1.339.979	3.671	3.52	607.597	74	4.
2	5.416.716	1.608.382	4.407	3.32	648.936	74	4.

支払苦力賃新旧対照

明治四十四年度　（石炭ヲ含マズ）　埠頭事務所

種別	四十三年度以前ニ依リ支払セバ		四十四年度率ニ依リ支払セバ		其差額	
船舶陸揚	77.287	円61	64.504	円54	12.783	円07
〃積込	166.988	67	135.066	31	31.922	36
戎克陸揚	1.794	52	1.495	44	299	08
〃積込	1.176	21	1.170	36	5	85
貨車積込	20.780	30	18.702	27	2.078	03
〃荷卸	49.898	61	46.060	26	3.838	35
荷繰	58.783	89	49.344	24	9.439	65
改装	16.212	37	15.122	85	1.089	52
計	392.922	18	331.466	27	61.455	91

支払苦力值新旧對照 （石炭ヲ含マズ）埠頭事務所

大正元年度 種別	四十三年度以前ノ率ニ依リ支払セシ		大正元年度ノ率ニ依リ支払セシ		其差額	
船舶陸揚	91.781	65	73.941	65	17.840	00
〃積込	202.088	56	150.427	30	51.661	26
戎克陸揚	1.518	91	1.265	76	253	15
〃積込	1.785	88	1.488	24	297	64
貨車積込	23.851	10	21.465	99	2.385	11
〃荷卸	54.203	82	50.034	30	4.169	52
荷繰	77.217	67	62.563	77	14.653	90
改装	30.857	25	25.554	36	5.302	89
計	483.304	84	386.741	37	96.563	47

興業費決算額年度別調書

埠頭ヲ除ク　計算係

年度　科目	船舶		港湾		計		備考
明治四十年度	2.800	000			2.800	000	
〃四十一年度	251.793	140	166.147	670	417.940	810	
〃四十二〃〃	120.252	310	370.995	010	631.247	320	
〃四十三〃〃	251.941	200	297.705	300	549.646	300	
〃四十四〃〃	951.610	910	600.174	830	231.785	740	
〃四十五〃〃	711.135	752	434.689	042	1.145.824	794	
大正二年度	1.489.425	819	1.136.368	611	2.625.794	430	
計	3.078.939	131	3.146.080	463	6.225.039	594	

整備項目			(11)
索引番號 21		文書番號 56-4	

備考	件名
	埠頭苦力收容所建築法一部変更ニ関スル件 六、一四、一一

B列5

(12. 7. 5,000冊 松浦屋納)

苦力收容所建築方法一部変更御願

寺児溝苦力收容所建築ニ就テハ去ル明治四拾四年四月貳拾日附苦力收容所新築資金貸下御願附属建築方法及本年六月貳拾六日附苦力宿舎資金一部振替御願ニ對スル大正元年八月参日附貴方承諾書ニ基キ建設致来リ候處略豫定ノ通リ落成致候然ルニ實際建築ニ着手致候ヘハ豫定ト相違ノ點モ生シ改良スヘキ點モアリ又急設ノ不利ナルモノアリ且ツ苦力收容所ノ発展ト共ニ妻帯苦力頭ノ宿舎必要ヲ感ジ候ニ付旁以テ最初建築ノ法ト今回落成ノ分ト比較致候時ハ別紙ノ通リ相違有之候得共苦力收容所トシテハ反テ有利有効ニ其目的ヲ達シ居候間煉瓦場ニ付テハ左ノ條件ヲ附シ右変更御許可被下是ニテ當苦力收容所建築モ一段落着キタルモノト御承知被成下度爰ニ事情具申右一部変更御許可ノ義特別ノ御詮議奉願上候

一　煉瓦場ハ苦力廟建設ノ必要上及其大部分ヵ新規埋築地ニ屬スル

南満洲鐵道株式會社

ヲ以テ明年廟建築ト共ニ漸次拙者資金ニテ建設スル事致シ当分ノ
間ハ鐵條網塀ヲ設ケ置キタリ

大連市山縣通百六拾參番地
相生由太郎

大正元年十二月十三日

南滿洲鐵道株式會社
總裁　中村是公　殿

南滿洲鐵道株式會社

ヨ-0003　B列5　(15.3.16,000冊

豫定建築方法ト實際落成ノ分比較調

建設物	豫定建築方法	實際落成ノ分	過	不足
苦力宿舎	五〇棟	四〇棟		一〇棟
苦力頭宿舎		一棟	一棟	
便所	二五棟	一五棟		一〇棟
正門	一棟	一棟		
煉瓦塀	三三〇間	一一七間		二一三間
暗渠	七六間	一〇二間五	二六間五	
中渠	三三五間	七一七間	三八二間	
小渠	一〇〇〇間	九四三間		五七間
地均	二.〇〇〇円	四五〇〇円	二.五〇〇円	
土地涙金	三〇〇円	三〇〇円		
水道布設	二.五〇〇円	二.五〇〇円		

南満洲鐵道株式會社

墓地移轉費		二五〇円	二五〇円
開渠	七間五	七間五	
賣店	三棟（二一戸）	三棟（二一戸）	
同附属倉庫	三棟（二一戸）	三棟（二一戸）	
浴室	一棟	一棟	
假病室	一棟	一棟	
鐵條網	二五〇間	二五〇間	
合計	金一、一五八円一一	金九六、一五〇円三九	金九七、三〇八円五〇

以上

南満洲鐵道株式會社

苦力宿舎建築方法一部変更ニ関スル件

相生由太郎氏ヨリ同氏建築ノ苦力小屋ニ関シ其一部変更施工シタルニ付之カ承諾方別紙ノ通リ願出有之候処右ハ実際ノ便宜上不已得義ト被存候ニ付御承認ノ上左案ノ通リ回答相成可然哉

案

庶務課長

相生由太郎　殿

寺児溝苦力宿舎ノ建築ニ関シ十月十三日付御申出相成候建築方法一部変更方ノ件了承右ハ御申出通リ変更ノ義承諾致候此段不取敢及回答候也

南満洲鉄道株式会社

整備項目			
索引番號 25		文書番號 56—4	

備考

件名

埠頭苦力收容所増築並改築ニ關スル件

五六—四—二五

B列5

(12.7.5,000枚 松浦屋納)

埠頭苦力宿舎増築並改築ニ関スル件

相生由太郎氏ノ経営ニ係ル埠頭苦力収容所ノ建築ニ付テハ豫定ノ設計ニ多少ノ変更ヲ加ヘ内数棟ノ建築ヲ見合セ客年中一旦打切リトナシ本社ノ貸金ニ付テモ一段落ヲ告ケタル次第ニ有之候然ルニ其後同氏事業ノ発展ニ伴ヒ現在ノ儘ニテハ其使役苦力ノ全部ヲ収容スル能ハサル状態ニ相成リタルヲ以テ更ニ同敷地内ニ平家ニ棟二階建十二棟便所七棟ノ新築ト既設平家五棟ヲ二階建ニ改築スルノ計画ヲ立タル由ニ有之候而シテ右ハ相生氏自己ノ出資ヲ以テ建築セラルヘキモノニ有之候得共該敷地ガ全部本社ノ名義ト相成居リ候結果今回設計ノ建物ニ付テモ之ヲ本社名義ト為スノ要有之趣ヲ以テ別冊家屋新築及変更願書ハ本社総裁名義ヲ以テ大連民政署ニ提出方申出有之候ニ付右御聴許ノ上別冊願書提出方取計可然哉　仰高裁候也

家屋新築及変更願

一、場所　老虎灘會寺見構

一、種類　煉瓦造二階建及平家建　拾九棟

一、目的　苦力收容所

一、着手月日　御許可ノ翌日ヨリ着手

一、竣工月日　御許可ノ日ヨリ向ヘ八拾日間

右新築及変更致度候間御許可被成下度別紙仕様設計書并ニ図面
相添ヘ此段奉願候也

大正貳年六月拾七日

總裁名

大連民政署長
事務取扱　吉村源太郎殿

南満洲鐵道株式會社

整備項目			
索引番號 26		文書番號 56—4	

備考

件名

埠頭苦力收容所家屋建築許可書

五六—四—二六

B列5　　(12. 7. 5,000枚 松浦屋納)

大民總第二八三八号ノ四

（本件ニ関スル願ニハ本許可書ノ日附番号ヲ記入スヘシ）

許可書

南満洲鐵道株式會社
總裁　中村是公

建築場所	老虎灘会寺久満
建物種類	永久二階平家建 十七棟 九棟
建坪	合計千参拾壹坪五合三勺五才
軒高	二階 十五尺 平家 八尺五寸
屋根	日本瓦葺
竣工期限	大正二年九月三十日

但詳細ハ願書添付提出セル図面及仕様書ノ通リ

大正二年六月十七日附出願永久家屋建築及変更ヲ許可ス

大正二年七月一日

大連民政署長　相賀照郷

（注意　前ト同様ニ付略）

許可書請書案

大連民政署長 殿

總裁名

一 大正二年七月一日付大民總第六八三八号ノ四 寺児溝苦力宿舎増築
改築ニ関スル許可書壹通

右御下付相成正ニ受領候也

本件ハ曩ニ提出セル相生氏建築ノ苦力宿舎ニ関スルモノニ有之候

南満洲鐵道株式會社

整備項目			
索引番號　31		文書番號　56—4	

備考	件名
	埠頭苦力收容所家屋改築許可書

五六—四—三一

B列5

（12.7.5,000枚 松浦屋納）

（本件ニ関スル願書ニハ本許可書ノ日附番号ヲ記入スヘシ）

大民總第二五八四号ノ四

許可書

南満洲鐵道株式會社
總裁　工學博士　野村龍太郎

建築場所	老虎灘会寺児溝村		
建物種類	永久二階建　六棟	建坪	合計三百十一坪一合〇勺〇才
軒高	十五尺五寸	屋根	日本瓦葺
		竣工期限	大正三年九月三十日

但ニ詳細ハ願書ニ添付提出セル圖面及仕様書ノ通リ

大正三年六月十六日附出願　永久家屋改築　ヲ許可ス

大正三年七月二日

大連民政署長　相賀照郷

注意　前ト同様ニ付略

南満洲鐵道株式會社

整備項目			
索引番號 34		文書番號 56—4	

件名

埠頭苦力收容所家屋建築許可書

五六—四—三四

備考

B列5

(12. 7. 5,000枚 松浦屋納)

大民観六〇二号ノ四

許　可　書　（本件ニ関スル願書ニハ本許可書ノ日附番号ヲ記入ヘシ）

南満洲鐵道株式會社

理事長工學博士　國澤新兵衛

建築場所	老虎灘會見溝	建坪	合計百七十七坪五合四勺
建物種類	永久平家建六棟	屋根	日本瓦葺
軒高	九尺 七尺五寸	竣工期限	大正七年一月三十日

但詳細ハ願書ニ添付提出セル図面及仕様書ノ通リ

大正六年九月二十五日附出願　永久平屋建築　ヲ許可ス

大正六年十二月十七日

大連民政署長　大内丑之助

（注意　前ト同様ニ付略）

南満洲鐵道株式會社

整備項目			
索引番號 37		文書番號 56－4	

備考	件名
	埠頭苦力收容所家屋建築許可書

五六－四－三七

B列5　（12.7.5,000枚 松浦屋納）

（本件ニ關スル願届ニハ本許可書ノ日附番號ヲ記入スヘシ）

大民總第四八五三号ノ四

許可書

南満洲鐵道株式會社

理事長　國澤新兵衛

建築場所	大連市老虎灘會寺史蹟	建坪	合計二百二十坪七合二勺○才
建物種類	永久二階建　二棟 永久平家　四棟	屋根	瓦葺
軒高	十五尺五寸 六尺 七尺	竣工期限	大正七年十一月三十日

但シ詳細ハ願書ニ添付提出セル圖面及仕様書ノ通リ

大正七年七月三十一日附出願永久家屋建築ヲ許可ス

大正七年九月二日

大連民政署長　大内丑之助

（注意　同じく付署）

南満洲鐵道株式會社

ナ0003　B列5　（15.3.16,000部 實行乙）

(71)

整備項目			
索引番號 41		文書番號 56-4	

件名：埠頭苦力收容所所有權移轉ノ件

九六一四一四一

備考：

B列5　(12. 7. 5,000枚 松浦屋納)

埠頭苦力宿舎所有權移轉ノ件

會社ト相生由太郎氏トノ苦力宿舎建築資金ノ貸借關係ニ付テハ會社ハ別ニ担保ヲ供セシメズ消費トシ元利辨済アル迄建物ハ會社所有トシテ賃借料ノ名ニ於テ元利金ヲ償還セシメ居候(混合契約)而シテ契約第九條(一契約第四条)所定通リ本年六月迄夫々辨済有之候處本年七月七日契約第拾条(　)ニ依リ賦金ノ完済有之候條契約第十一條(一契約第十條他契約第六條)ニ依リ右所有權ヲ移轉スルコトトシ移轉ノ手續致シ可然哉

尚右貸借關係発生ト同時ニ相生氏トノ土地借受ニ関スル契約ニ依リ敷地モ會社ニ於テ借受居候處右関係消滅シ建物ノ所有權ヲ移スニ至ラバ同契約第四項ニ依リ敷地(壹萬四千四百七拾壱坪貳合七勺五才)ヲ返納セザルヘカラズ候ニ付此際同時ニ土地契約解除申込書提出可然哉

案

年　月　日

社長名

大連市山縣通百六拾参番地

相生由太郎　宛

客月貳拾五日附ヲ以テ御申出相成候趣了承仕候就テハ本年十二月參拾日ヲ以テ苦力宿舎ノ所有權ヲ移轉致候條建物賣渡証、登記用委任状貳通及土地契約解除申込書ニ夫々調印ノ上御送付申上候間貴方ニ於テ可然御手續相成度得貴意候也

建物賣渡証、土地契約解除申込書、所有權保存登記申請ニ關スル委任状、及移轉登記ニ關スル委任状ニ調印ノ上添付ノコト

契約上ヨリ云ヘバ無償讓渡ナルモ有償（賣渡証）ノ形式

南滿洲鐵道株式會社

御願

明治四拾四年八月壹日及大正貳年八月拾五日、大正六年拾貳日貳拾八日付ヲ以テ御契約相願候ニ貴社御名義ヲ以テ老虎灘會寺児溝八埠頭荷揚使役ノ支那人夫収容所トシテ建設シタル家屋建築資金ノ内金拾八萬六千百五拾圓參拾九錢也貴社ヨリ御融通相願居候處右金額ハ大正八年七月七日ヲ以テ全額返濟仕候ニ付テハ該土地家屋ヲ拙者名義ニ変更方御聴許被成下度此段奉願候也

大正八年拾壹月貳拾五日

大連市山縣通百六拾參番地

相生由太郎

南満洲鐵道株式會社

社長　野村龍太郎　殿

南滿洲鐵道株式會社

	元金	利息
第一期	57.362.00	15.191.64
第二期	38.788.39	9.978.18
第三期	40,000.00	8.838.34
第四期	50,000.00	4.270.85
	186.150.39	38.279.01

南滿洲鐵道株式會社

相生由太郎氏埠頭苦力收容所建築費貸金

第一回　貸付金（十二條）

明治四十四年十二月二十日貸付高金五萬七千参百六拾弐圓也

内自第一回至第十五回　十五回分半年賦償還金

大正八年六月二十日迄返還分金五萬参千七百七拾七圓也

大正八年六月二十日迄利息受入分金壹萬五千壹百八拾壹圓六拾弐銭也

残金金参千五百八拾五圓也

利息　大正八年七月七日迄分金拾圓弐銭也

右二口　大正八年七月七日受入済ニ付完済

第二回　貸付金

大正元年十二月二十日貸付高金参萬八千七百八拾八圓参拾九銭也

内自第一回至第十三回　十三回分半年賦償還金

南満洲鉄道株式会社

大正八年六月二十日迄返還分金參萬壹千五百拾六圓參拾九銭也

同　迄利息受入分金九千九百五拾七圓八拾六銭也

殘金金七千貳百七拾貳圓也

利息　大正八年七月七日迄分金貳拾圓參拾貳銭也

右二口　大正八年七月七日受入濟ニ付完濟

第三回　貸付金

大正二年十二月十一日、貸付高金四萬圓也（十條）

内自第一回至第十二回　十二回分半年賦償還金

大正八年六月二十日　迄返還分金參萬圓也

同　迄利息受入分金八千八百拾圓四拾銭也

殘金、金壹萬圓也

利息　金貳拾七圓九拾四銭也

南満洲鐵道株式會社

右二口　大正八年七月七日受入済ニ付完済

第四回　貸付金　（六條）

大正六年十二月二十八日貸付高金五萬圓也

内自第一回至第三回　三回分半年賦償還金

大正八年六月二十日迄返還分金九千参百七拾五圓也

同　迄利息受入分金四千壹百五拾七圓参拾貳錢也

残金　金四萬六百貳拾五圓也

利息　金壹百拾参圓五拾参錢也

右二口　大正八年七月七日受入済ニ付完済

南滿洲鐵道株式會社

契約書

南満洲鐵道株式會社總裁中村是公（以下甲ト称ス）ト相生由太郎（以下乙ト称ス）トハ埠頭苦力收容所新築、其貸借並ニ所有權移轉等ニ関シ左ノ契約ヲ締結ス

第一條　甲ハ其出資ヲ以テ別紙添付ノ建築方法書ニ基キ同書記載場所ニ苦力收容所ヲ新築スルモノトス

第二條　乙ハ甲ノ監督ノ下ニ工事全般ヲ施行シ建築方法書記載ノ期限迄ニ全部竣工セシムルモノトス

第三條　工事竣工前ニ生シタル損害ハ何等ノ事由ニ因ルヲ問ハス總テ乙ノ負擔トス

第四條　甲ハ該建築ニ要スル費用ヲ負擔シ之ヲ第一期、第二期ニ大別シ第一期ニ於テハ合計金五萬八千七百貳拾圓ヲ支出シ第二期ニ於テハ合計金参萬八千五百八拾八圓五拾錢ヲ支出スルモノトス

前項金額ノ支拂時期ハ各期共工事着手ノ際各金壹萬圓残額ハ各期共工事竣成部分ニ付乙ノ請求ニ依リ甲ノ適当ト認ムル範囲ニ於テ分割

南満洲鐵道株式會社

支拂フモノトス

第五條　工事落成後乙ハ其建物全部ヲ借受ケ事務所若クハ收容所ニ之ヲ使用ス但シ甲ノ許可ヲ得タルトキハ他所使用ノ苦力ヲモ收容スルコトヲ得

乙ハ甲ノ許可ヲ得ルニアラザレバ該建物ヲ轉貸シ若クハ前項ノ目的以外ニ使用スルコトヲ得ス

第六條　乙ハ自ラ保険契約者トナリ甲ヲ被保険者トシテ該建物ニ對シ甲ノ支出額ヲ以テ保険金額ト定メ甲ノ承諾ヲ得タル保険者ト保険契約ヲ締結シ保険料ヲ負擔スルモノトス

第七條　乙ハ第九條若クハ第十一條ノ規定ニ因リ建物ノ所有權ヲ取得スル前ト雖モ該建物及敷地ニ關スル公課金ヲ負擔スルモノトス

第八條　乙ニ於テ該建物借入中ハ模様替、修繕、造作等ハ甲ノ指示ニ因ルト否トヲ問ハズ一切乙ノ負擔トシ其所有權ハ甲ニ歸屬スルモノトス

前項ノ模様替、修繕若クハ造作ニシテ其重大ナルモノニ付テハ其都度甲ノ許

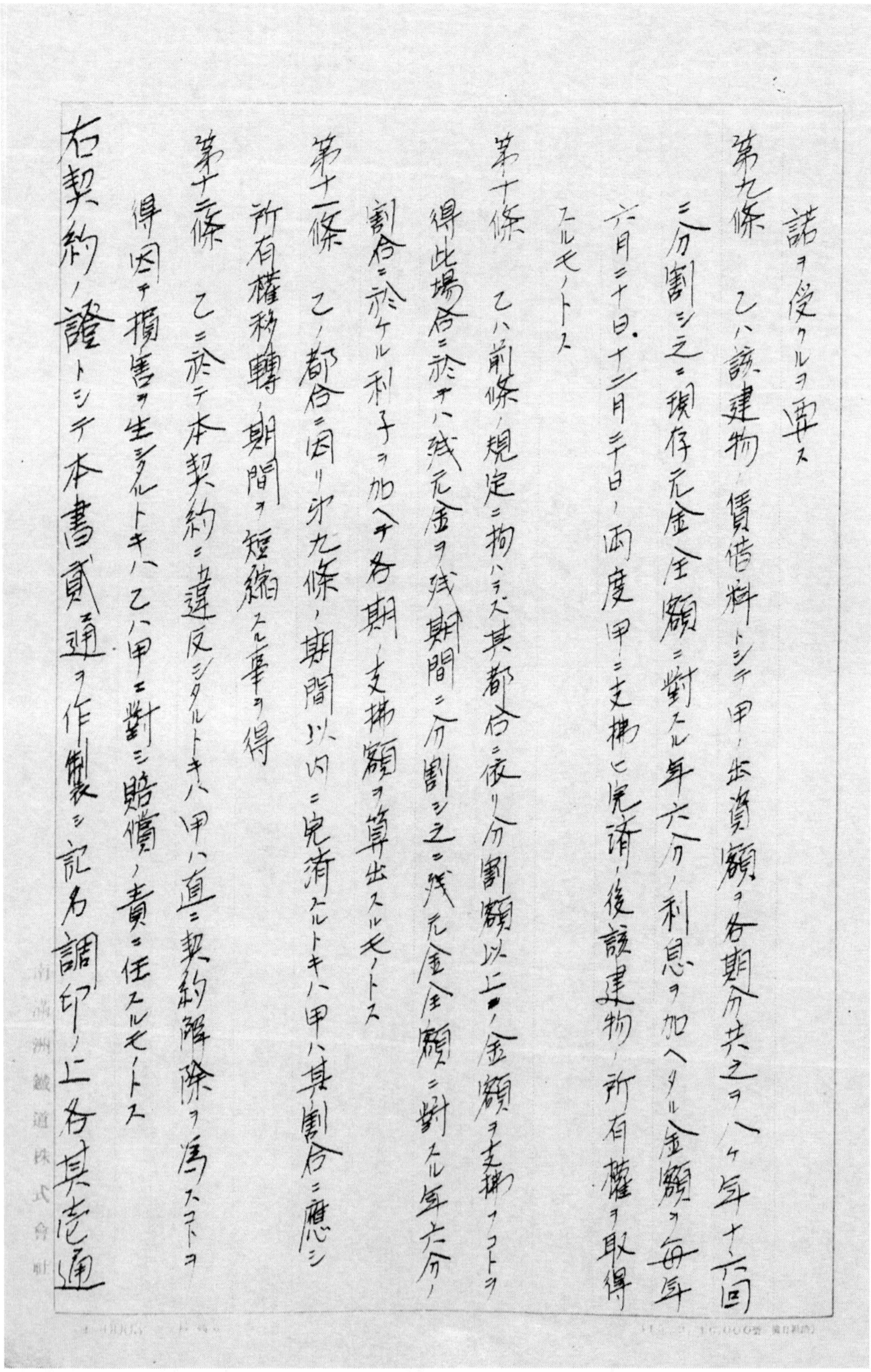

諾ヲ受クルヲ要ス

第九條　乙ハ該建物ノ賃借料トシテ甲ノ出資額ヲ各期分共之ヲ八ケ年十六回ニ分割シ之ニ現存元金全額ニ對スル年六分ノ利息ヲ加ヘタル金額ヲ毎年六月二十日十二月二十日ノ両度甲ニ支拂ヒ完済ノ後該建物ノ所有權ヲ取得スルモノトス

第十條　乙ハ前條ノ規定ニ拘ハラス其都合ニ依リ分割額以上ノ金額ヲ支拂フコトヲ得此場合ニ於テハ残元金ヲ残期間ニ分割シ之ニ残元金全額ニ對スル年六分ノ割合ニ於ケル利子ヲ加ヘテ各期ノ支拂額ヲ算出スルモノトス

第十一條　乙ノ都合ニ因リ第九條ノ期間以内ニ完済スルトキハ甲ハ其割合ニ應シ所有權移轉ノ期間ヲ短縮スル事ヲ得

第十二條　乙ニ於テ本契約ニ違反シタルトキハ甲ハ直ニ契約解除ヲ爲スコトヲ得因テ損害ヲ生シタルトキハ乙ハ甲ニ對シ賠償ノ責ニ任スルモノトス

右契約ノ證トシテ本書貳通ヲ作製シ記名調印ノ上各其壹通

南滿洲鐵道株式會社

ヲ保持スルモノ也

明治四拾四年八月壹日

南満洲鐵道株式會社

總裁　中村是公

大連市山縣通ム号地百六拾参番地

相生由太郎

南満洲鐵道株式會社

建築方法

苦力小屋ハ可成一時ニ建築シ終ル方悪疫流行ノ豫防其他監督取締上ニ之好都合ニ有之候得共何分ニモ多額ノ資金ヲ要シ候事トテ其利子ノ仕拂及ヒ資金ノ返済上ノ関係モ有之負擔頗ル重ク海務局消毒敷地内及ヒ其附近ニ假建築ヲナセル七拾棟ノアンペラ小屋ハ消毒所新建築ノ爲メ取除ケヲ急キ候ト雨漏リ多キ爲メ雨期前ニ移轉ヲ要スル二個ノ原因ヨリ是非之ニ代ルベキ収容所ヲ急キ建設スルノ必要有之候ニ付先ツ第一期ニ之ヲ建設シ更ニ明年ニ入リ時期ヲ見テ目下旧避病院跡ニ収容セル約貳千名弱ノ苦力収容所建設致度之レハ第二期ト致候　其明細ハ左ノ通リニ候

第一期　本年五月ヨリ十一月初旬迄

一、苦力小屋約壹百人　參拾棟　壹棟五拾壹坪

此總坪數　壹千五百參拾坪

南滿洲鐵道株式會社

右建築費金四萬五千九百圓　壹坪ニ付金參拾圓替

二　便所　拾五棟　壹棟六坪六合七勺

此總坪數　壹百坪

右建築費金參千八百拾圓　壹坪ニ付參拾八円拾錢

三　正門　壹棟　拾八坪

右建築費金壹千八拾圓　壹坪ニ付六拾円替

四　煉瓦塀　六拾六間

右建築費金六百六拾圓　壹間ニ付拾圓替

五　溝渠

暗渠　五拾六間　金千百貳拾圓　壹間ニ付金貳拾圓替

中溝　貳百間　金九百圓　壹間ニ付金四円五拾錢替

小溝　六百間　金千貳百圓　壹間ニ付金貳円替

右建築費合計　金參千貳百貳拾圓

南滿洲鐵道株式會社

六、地均　五千坪　此費額金壹千圓　壹坪凡ソ金貳拾錢替

七、水道

右布設費金貳千五百圓

八、土地引渡金　前借受人ヨリ引上渡金

金參百圓

九、墓地移轉費　五拾個

右移轉建設費金貳百五拾圓　壹個ニ付金五円替

通計金五萬八千七百貳拾圓

第二期　明年ニ入リ時機ヲ見テ

一、苦力小屋　貳拾棟　此坪数千貳拾坪

右建築費金參萬六百円　壹坪ニ付金參拾円替

南満洲鐵道株式會社

二便所　拾棟　此坪数六拾六坪七合

右建築費金貳千五百四拾壱円　壹坪ニ付金参拾八円拾銭替

三煉瓦塀　貳百六拾四間

右建築費金貳千六百四拾圓

四溝渠

暗渠　貳拾間　此金四百円　壱間ニ付金貳拾円替

中溝　百参拾五間　此金六百七円五拾銭　壱間ニ付金四円五拾銭替

小溝　四百間　此金八百円　壱間ニ付金貳円替

右建設費合計金千八百七圓五拾銭

五地均　埋坪千　立坪及一部石垣共

右費用金千圓　壱立坪金壱円ノ割

右通計金参萬八千五百八拾八圓五拾銭

右第一、第二期費額合計金九萬七千参百八圓五拾銭

以上

大連市山縣通ム号地百六拾参番地

相生由太郎

南満洲鐵道株式會社

契約書

南満洲鐵道株式會社總裁中村是公（以下甲ト称ス）ト相生由太郎（以下乙ト称ス）トハ
苦力收容所建築ニ関シ左ノ契約ヲ締結ス

第一條　甲ハ寺児溝苦力收容所敷地内ニ左記ノ建物ヲ築造スルモノトス

一、貳階建　拾參棟
煉瓦造瓦葺　壹棟　五拾參坪
計六百六拾參坪

一平家ヲ貳階建ニ改築　四棟
煉瓦造瓦葺　壹棟　五拾壹坪
計貳百四坪

一小渠　拾參棟分　壹棟拾九間
計貳百四拾七間

一便所　五棟　壹棟　六坪六合　計參拾參坪

南満洲鐵道株式會社

一、煉瓦塀　壹百七拾貳間
右建築費合計　金四萬壹千參百六圓九拾錢
第二條　乙ハ甲ノ指揮監督ノ下ニ工事全般ヲ施行シ大正貳年九月參拾日迄ニ全部竣工セシムルモノトス
第三條　工事竣工前ニ生シタル損害ハ何等ノ事由ニ因ルヲ問ハス總テ乙ノ負擔トス
第四條　甲ハ建築費金四萬壹千參百六圓九拾錢ノ内金四萬圓ヲ負擔支出シ殘額ハ乙ノ負擔トス　但乙ノ出資如何ニ拘ハラズ第一條ノ建設物ハ全部甲ノ所有ニ属スルモノトス
前項金額ノ支拂方法ハ工事竣成部分ニ付乙ノ請求ニ依リ甲ノ適當ト認ムル範圍ニ於テ分割支拂フモノトス
第五條　工事落成後乙ハ建設物全部ヲ借受ケ埠頭苦力ノ收容所ニ使用スルモノトス　但甲ノ許可ヲ得タルトキハ他所使用ノ苦力ヲモ收容スルコトヲ得

南満洲鐵道株式會社

乙ハ甲ノ許諾ヲ得ルニアラサレハ該建物ヲ轉貸シ又ハ前項ノ目的以外ニ使用スルコトヲ得ス

第六條　乙ハ自ラ保險契約者トナリ甲ヲ被保險者トシテ該建物ニ對シ甲ノ支出金額ヲ以テ保險金額トシ甲ノ承諾ヲ得タル保險者ト火災保險契約ヲ締結シ保險料ヲ負擔スルモノトス

第七條　乙ハ本契約ニ據リ建設物ノ所有權ヲ取得スル前ト雖モ建物及敷地ニ對スル公課金ヲ負擔スルモノトス

第八條　乙ニ於テ建物借入中ハ模様替、修繕、造作等ハ甲ノ指示ニ因ルト否トヲ問ハス一切乙ノ負擔トシ其所有權ハ甲ニ歸屬スルモノトス

模様替、修繕若クハ造作ニシテ重大ナルモノハ甲ノ許諾ヲ受クルニアラサレハ施工スルコトヲ得ス

第九條　乙ハ該建物ノ賃借料トシテ甲ノ支出金額ノ拾六分ノ壱即チ金貳千五百圓ニ現存元金全額ニ對スル年六分ノ利息ヲ加ヘタル額ヲ毎年六月

貳拾日、拾貳月貳拾日ノ兩度ニ引續キ八ヶ年間甲ニ支拂ヒ完濟ノ上ハ該
建物ノ所有權ヲ取得スルモノトス

第十條　乙ハ其都合ニ依リ前條所定額以上ノ賃借料ヲ支拂フコトヲ得此場合ニ於テハ其後ノ賃借料ハ残金額ヲ残期間ニ平分シ之ニ残元金現存額ニ對スル年六分ノ利息ヲ加ヘテ之ヲ算定スルモノトス

乙ニ於テ所定額以上ノ賃借料ヲ支拂ヒタル結果拾六回以前ニ甲ノ支出額ヲ完濟スルニ至リタルトキハ甲ハ前條所定ノ所有權移轉ノ時期ヲ短縮スルコトヲ得

第十一條　乙ニ於テ本契約ニ違反シタルトキハ甲ハ何時ニテモ本契約ヲ解除スルコトヲ得但シ損害ヲ生シタルトキハ乙ハ甲ニ對シ賠償ノ責ニ任スルモノトス

右契約ノ證トシテ本證書貳通ヲ作リ各自其壹通ヲ保持スルモノ

以

大正貳年八月拾五日

南満洲鐵道株式會社

總裁 中村是公

大連市山縣通

相生由太郎

南満洲鐵道株式會社

契約書

南満洲鐵道株式會社理事長工學博士國澤新兵衛（以下甲ト称ス）ト相生由太郎（以下乙ト称ス）トハ苦力收容所建築費ニ関シ左記條項ノ通リ契約ヲ締結ス

第一條　寺児溝苦力收容所敷地内ニ増築シタル左記建設物ノ建築費金五萬七千九百貳拾五圓也ノ内甲ハ金五萬圓也ヲ負擔シ残額ハ乙ノ負擔トシ甲ノ負擔額ハ甲ヨリ乙ニ交付スルモノトス但乙ノ出資如何ニ拘ハラス該建設物ハ全部甲ノ所有ニ屬スルモノトス

左記

い、苦力宿舎　六棟　壹棟五拾壹坪八五
　此總坪總　参百拾壹坪壹

ろ、苦力宿舎　六棟　壹棟五拾壹坪八五
　此總坪数　参百拾壹坪壹

南満洲鐵道株式會社

は　苦力宿舎（平家ヲ二階建ニ改造分）六棟　壹棟五拾壹坪

此總坪數　參百六坪

に　常傭人夫独身宿舎　壹棟　四拾九坪〇四參

ほ　同　家族持宿舎　參棟　壹棟參拾坪八

此總坪數九拾貳坪四

へ　浴場　壹棟　七拾坪

と　病室　貳棟　壹棟六拾貳坪四七貳

此總坪數　百貳拾四坪九四四

ち　消毒室　壹棟　參拾九坪〇八參

り　醫務室　壹棟　貳拾壹坪七〇八

ぬ　寺院　壹棟　貳拾五坪

る　鐘樓　壹棟　拾九坪七壹

を　芝居小屋　壹棟　貳拾貳坪貳五

わ　病室附属便所四棟　壹棟四坪

此總坪数　拾六坪

第二條　甲ハ前條ノ建設物ヲ乙ニ貸與シ乙ハ之ヲ借受ケ乙ノ經營スル埠頭苦力收容所ニ使用スルモノトス

乙ハ甲ノ許諾ヲ得ルニアラサレハ該建物ヲ轉貸シ又ハ前項ノ目的外ニ使用スルコトヲ得ス

第三條　乙ニ於テ本件建物借入中ハ模様替、修繕、造作等ハ甲ノ指示ニ因ルト否トヲ問ハス一切乙ノ負擔トシ其所有權ハ甲ニ歸屬スルモノトス

第四條　乙ハ該建物ノ賃借料トシテ甲ノ支出金額ノ拾六分ノ壹即チ金參千百貳拾五圓ニ現存元金全額ニ対スル年六分ノ利息ヲ加ヘタル金額ヲ毎年六月貳拾日及拾貳月貳拾日ノ兩度引續八ケ年間甲ニ支拂フモノトス

第五條　乙ニ於テ前條所定ノ賃借料ヲ無滞納付シ甲ノ支出額ヲ完済シタルトキハ該建物ノ所有權ヲ取得スルモノトス

第六條　乙ハ其都合ニ依リ第四條所定ノ金額以上ノ賃借料ヲ支拂フコトヲ

南満洲鐵道株式會社

得此場合ニ於テハ其ノ後ノ賃借料ハ甲ノ支出金額ノ残額ヲ残ノ期間ニ平分シ之ニ残
元金現存額ニ對スル年六分ノ利息ヲ加ヘテ之ヲ算出スルモノトス
乙ニ於テ所定額以上ノ賃借料ヲ支拂ヒタル結果拾六回以前ニ甲ノ支出シタル
金額ヲ完濟スルニ至リタルトキハ甲ハ第五條所定ノ所有權移轉ノ時期ヲ
短縮スルコトヲ得
第七條　乙ハ本契約ニ因リ建物ノ所有權ヲ取得スル前ト雖モ建物及敷地ニ
對スル公課金ヲ負擔スルモノトス
第八條　乙ハ自ラ保險契約者トナリ甲ヲ被保險者トシテ該建物ニ對シ甲ノ
支出金額ヲ以テ保險金額トシ甲ノ承諾シタル保險會社ト火災保險契
約ヲ爲シ保險料ヲ負擔スルモノトス
第九條　乙ニ於テ本契約ニ違反シタルトキハ甲ハ何時ニテモ本契約ヲ解除スルコトヲ得因
損害ヲ生シタルトキハ乙ハ甲ニ對シ賠償ノ責ニ任スルモノトス
右契約ノ證トシテ本證書貳通ヲ作リ各自其壹通ヲ保有スルモノ也

大正六年拾貳月貳拾八日

南満洲鐵道株式會社

理事長工學博士　國澤新兵衛

相生由太郎

南満洲鐵道株式會社

一五—一—六

整備項目			65
索引番號　6		文書番號　15—1	

備考	件名
	貔子窩柳樹屯ニ航路ニ充ツル船舶購入資金貸付ノ件

B列5　(12. 7. 5,000枚 松浦屋納)

御願

今般志岐組ヨリ大連貔子窩及大連柳樹屯間ノ二航路ヲ當社ニ継承セラルヽニ付志岐組ニ於テ使用シ来レル汽船・ハ其儘臨時借入使用罷在候得共貔子窩航路使用船第二十五永田丸ハ噸数吃水其他同航路ニ使用スルニハ甚不適當ニシテ収支相償ハス之レカ為メ當社ハ總噸数約二百噸ノ汽船ヲ同航路ニ當テ別紙計劃ノ通リ同航路間ノ度数ヲ頻繁ナラシメ度此ノ儀ニ付既ニ豫メ関東都督府ノ承認ヲ得申候ニ就テハ右汽船ノ買入若クハニ建造資金トシテ約四萬圓ヲ要シ候ニ就キ特別ノ御詮議ヲ以テ右資金御貸与ノ儀豫メ御承認相成度此段奉願候也

大正三年五月

No.

ルベク約四分ノ一位ト見バ可ナルベシトノコトニ有之候尤モ当貴社ニ於テ右様ノ御計画有之候哉何分ノ儀至急御回示相煩度此段御依頼申上候

敬具

追而当港海防向ニハ佛領印度支那政府補助ノ二週一回ノ定期航路（往復航共之各五十時間ヲ限ル）有之候其他ニモ二三不定期航路船通航致居候処右御計画ニシテ実行セラルヽ暁ニハ該補助航路ヲシテ一週一回ニ改メ之レニ連絡セシムル計画ノ様ニ有之候此段御参考迄申添候也

1-022　B列5　28字×10　南満洲鉄道株式会社　（13.9.10,000）

庶甲初一一三九號

明治四十五年二月廿七日 起案

〃 〃 廿八日 決裁

上海航路延長ニ関スル回答案

香港總領事代 總裁

謹啓陳ハ十日付機第一五号ヲ以テ弊社経営之大連上海間定期航路延長之件ニ関之承領卸度支那駐屯軍司令官吏ジエ上ニデアルマー代ヨリ申込ミ次第詳細御来示ニ預リ拝承仕候右航路延長之儀ニ就テハ航路開始之際取調致候次第モ有之候得共経営之都合上見合セ致候義ニ付将来或ハ其機ヲ見ルヤモ難計候得共目下実行之計畫無之候間御了承被成下度右御回答申上候

敬具

No.

ヨ－022 B列5 28字×10 南満洲鐵道株式會社 (13. 9. 10,000 [illegible])

No.

号外

明治四十五年三月二十日

在香港

総領事　今井忍郎

在香港総領事館印

南満洲鉄道株式会社

総裁中村是公殿

拝啓益御清穆奉敬賀候陳者大連上海間貴社航路ヲ香港迄延長ノ件ハ御調査ノ結果当分之ヲ実行セサル事ニ御決定相成候次第ハ御報知ニ随リ了承致居候處今般仏領印度支那ニ在リ或事業ニ従

5

No.

事ニ本邦人ノ牛耳ヲ執リ指導ニツヽアル法学士横山正修氏ヨリ
別記ノ通リノ意見書ヲ送付致来候ニ付之ヲ我政府ニ転送シ其考
量ヲ求ムルト同時ニ老台ヘモ右写御参考トシテ一通差上候尚
可然御攻究相成候様致度候

匆々敬具

6

No.

南満鉄道接続航路ヲ香港迄延長スルノ問題

小生ハ本年二月二十四日附ヲ以テ海防香港間ノ航海業ニ従事セル佛人船主マルチノ氏ヨリ左ノ書面ニ接セリ

海防千九百十二年二月二十四日

親愛ナル横山君

前年南満洲鉄道会社ガ大連香港間ニ直通接続航路ヲ開始スベキトノ問題アリタリ而シテ此航路ハ千九百十二年三月ヨリ開始セラレ一週一回香港ヨリ出発スベキトノ説アリタリ

此問題タル東京ヨリ出発スル船客ヲ北部支那及西比利亜鉄道ニ直通ニテ向ハシメ若クハ日本ヲ経由シテ向ハシムルカ為メ

No.

ニ便利ナルカ故ニ頗ル小生ノ注意ヲ惹キタリ、然ルニ本月二十三日ノ海防新聞ニ依レバ香港ノ獨逸領事ガ香港大連間ニ二週毎ニ一回獨逸汽船ニテ航路ヲ開始スベキコトヲ豫見シ佛国郵船會社船ノ出発セサル週間ニ佛郵船ハ二週一回北方向ケ発航シ獨逸汽船ガ香港ヲ発航スルコトヲ得ベシト云ヘリ

小生ハ貴下ニ向ヒ南満鉄道会社ハ清国ニ於テ斯ク獨逸汽船ノ発展スルニ當テ其當初ノ計画ヲ拋棄セシモノナルヤ否ヤニ就テ情報ヲ與ヘラレンコトヲ希望ス

敬具

マルチノ自署

ニ尚之ニ関スル精確ニシテ迅速ナル情報ハ貴下カ香港ニ於ケ

8

No.

ル日本總領事ヨリ之ヲ受クルコトヲ得ラルベシト相信ジ申候

マルチー氏ノ本書面中ニ所謂海防新聞ノ報スル所ハ左ノ如シ

前週ノ金曜ニシキヤン号ニテ香港ヨリ印度支那陸軍經理大監

デルマ氏来着セリ氏ハ香港海防間郵便補助航路ノ組織改正ニ

關シテ調査スルコトヲ總督府ヨリ命セラレタル者ナリ氏ハ總

督代理マテュ氏總督ハ現今老撾旅行中ニ報告スル爲直ニ河内ニ

向ケ出發セリ

デルマ氏ノ調査ニ依レバ現時香港海防間ニ行ハルル一週一回

ノ郵便航路ヲ二週一回ト爲ストキハ大ナル不便ヲ生ズベキコ

トヲ香港ニ於テ發見セリ現時海防香港間ニ郵便船シキヤン号

No.

ヲ以テ行ハルヽ二週一回ノ定期航ハ香港ニ於テ仏国郵船会社ノ上海行汽船ニ直ニ接続シ上海ニ於テモ亦直ニ大連行ノ日本汽船ニ接続セラルベク豫定セラレタルナリ然ルニ航海数ヲ倍加シテ一週一回トナストキハ二回ノ中一回ハ仏国定期郵船ニ接続セラルヽヲ得ズシテ唯臨時船ニ接続セラルベク数日ヲ空費スルノ恐アリ何トナレバ香港ヨリ北方ニ上ル他ノ仏独英及日本ノ汽船ハ三四日ヲ隔テヽ出帆スルニ止マルヲ以テ直接ノ接続確実ナラサルヲ以テナリ、

西比利亜経由旅行ノ迅速ヲ確実ニスル為メニハ是非共香港ニ於テ直接之續船ヲ得ルコトヲ要ス然ルニ現時ニ於テハ二週一

10

ォ-0022　B列5　28字×10　南満洲鐵道株式會社　(13. 9. 10,000)

回ノ佛國郵船以外ニ之ヲ有セズ。

然ルニ此困難ハ之ヲ除去スルコト能ハサルニアラザルベシ何ニトナレバデルス代カ此問題ニ關シテ一大歩ヲ占タル獨乙領事ノ言ニ依レバ獨乙汽船ヲ以テ香港大連間ニ直通航路ヲ開始シ佛國郵便ノ接續ナキ期間ニ香港ヨリ出発セシムルノ見込アリト云ヘルヲ以テナリト云々、

抑モ西比利亜鉄道開通以来佛領印度支那ヨリ欧州諸國行郵便物ヲ此鉄道ヨリ輸送スルトキハ速キトキハ二十三四日遅キ時ハ二十六七日ニテ佛國巴里ニ達スルカ故ニ此米棍、蘇士経由郵便船ニテ最モ速キ時三十二日遅キ時ハ三十六七日ヲ要スルニ比スレバ莫大

南満洲鐵道株式會社

No.

ノ便益アリ此ニ於テ時間ヲ貴重スル佛人殊ニ商人ハ西比利亜鉄道経由ヲ好ミ随テ

第一、香港海防間ノ定期航度数ヲ増加シ

第二、香港大連間接續ノ改良並ニ其度数ヲ増加スルコト

ニ與論ヲ集注スルニ至レリ即河内及海防ノ両商業会議所ハ率先シテ此議ヲ唱導シテ政府ニ要求シ総督亦此議ニ賛同シテ其方法ヲ講ジ上記ノ如クデルマ氏ヲ派遣スルニ及ビタルナリ此形勢ヲ以テスレバ必ズ近キ将来ニ於テ一週一回海防ヨリ香港経由大連ニ直接々續スベキ郵便輸送法ヲ組織スベシト思ハル現ニ一週一回海防香港間ニ定期航ヲ開クノ議ハ略決定シ其航海補助金増加

No.

額ハ左ノ財源ヨリ以テ供給スルヲ得ベシ、

第一、広東郵船会社ノ一年補助額十一万三千法ノ印度支那政府支出~~全額~~全廃、

第二、上海ノ亜細亜航業会社ノ同補助額十七万五千法ノ印度支那補助廃止

第三、現時ニ週一回仏国防背港間定期航エーストアヂアチツク会社ヘ補助十二万五千法

以上ノ金額ハ補給契約カ千九百十二年ノ内ニ満期トナルカ故ニ（広東郵船会社及亜細亜航業会社ハ七月一日迄、エーストアヂアチツクハ六月一日迄）印度支那政府ガ之ヲ代ニ流用スルヲ

13

No.

得ベキモノナリ、而シテ印度支那政府ガ広東及上海ノ郵船會社ニ補助金ヲ支出スルコトヲ廃シタル後ハ佛本國政府カ引續テ之ヲ補助シ以テ佛国ノ東洋ニ於ケル勢力ヲ維持スヘシヤ否ヤハ未定ノ問題ナリ、然レトモ印度支那政府ガ将来此等ノ負担ニ任セサルベキコトハ殆ンド確実ナリ何トナレバ其補助事業ノ性質ガ印度支那政府ノ利益ニ屬スト云ハンヨリハ寧本國政府ノ東洋ニ於ケル勢力拡張事業ニ屬スルモノナリトノ輿論盛ンナルヲ以テナリ

斯ノ如キ事情ナルカ故ニ海防香港間郵便定期船ハ早晩一週一回ト為ラン一九〇五年五月ニテエーストアジアチツクノ補助契約満期トナレ

14

ヲ-0022　B列5　23字×10　南滿洲鐵道株式會社　(13. 9. 10,000 冊 鮎川納)

No.

バ更ニ競走入札ヲ為シテ契約条件ヲ新タニスル時ヨリ幾分一週一回ト為サルベシ）同時ニ生スルハ香港以北ノ接續問題ナリ而シテ上記ダルマ氏調査ノ結果ニ依レバ獨乙郵船カ香港大連間ニ直通航路ヲ開始セントスルノ意思アルガ如シ

此ニ於テ吾人ハ日本郵船會社若クハ南滿洲鉄道會社カ今日ノ時機ヲ逸セズシテ香港大連間ノ直通航路（上海經由）ヲ開始スルコトヲ希望ス、今日ハ實ニ好時機ナリ何トナレバ此地ノ佛人ハ焦慮シツヽ之ヲ希望シ政府モ亦之ヲ希望スレバナリ且我率先之ヲ開始シ先ツ印度支那ノ佛國船ト接續ノ方法ヲ協定セバ思フニ獨逸汽船會社ハ斷念シテ競爭ニ出テサルベキモ若シ彼レ一旦先鞭ヲ

15

ヲ 022　B列5　23字×10　南滿洲鐵道株式會社　（13. 9. 10,000）

No.

着ケル以上ハ必ズ競争ヲ續ケテ我汽船會社ノ為ニ嘗テ暹羅航路ニ於テ為シタル如キ憂キ目ヲ見スルノ恐レ無キニ非ズ請フ左ニ香港大連直通航路ノ利益ヲ算ヘン、

第一、印度支那在住ノ英人數ハ約三萬アリ其中約四千ハ官吏ニシテ官吏ハ三年毎ニ六ケ月宛ノ歸国休暇ヲ與ヘラルヽガ故ニ本國ニ歸着スル者多ク其他官吏ニアラザル者商家ノ如キモ之ニ準ジテ休暇ヲ與ヘラレ歸國スル者多シ此等ノ中ニテ貧者ハ廉價ナル旅行ヲ為ス為蘇士經由ノ郵船又ハ貨物船ニ依ルト雖富メル者若クハ速達ヲ欲スル者又ハ船旅行ヲ好マサル者ハ西比利亜鐵道旅行ヲ希望スル者多シ然ルニ今日ニ於テハ西比利亜鐵道ヲ取ル

116

ヲ—022　B列5　25字×10　南滿洲鐵道株式會社　(13. 9. 10,000 納品)

ニ香港及上海ニ於テ船ヲ乗換ヘサレバ大連ニ到ルヲ得ズシテ不便甚シキ為メニ此鉄道旅行ヲ思ヒ止マル者多シト思若シ香港大連ノ直通航路ヲ開カルヽニ至レバ香港ヨリ日本汽船及日本鉄道ニ依テ西比利亜鉄道ヲ取ル者ノ数ヲ著シク増加スベシ

第二、印度支那ヨリ仏国其他欧州ニ向フ郵便物ハ大概皆西比利亜線ヲ経由スルコトヽナリ我接続船及南満鉄道ハ其連鎖トナリテ郵便輸送ノ実権ヲ握リ間接ニ日本ト印度支那トノ平和的関係ヲ密接ナラシムルニ至ラン

第三、今日此地仏人ノ希望ニ添ヒ且猶之船ニ先鞭ヲ着ケテ此直接接続航路ヲ開クトキハ仏人ノ猜疑ヲ招カズシテ而カモ仏国郵船

ヲ-5022　B列5　28字×10　南満洲鐵道株式會社　（13. 9. 10,000冊 鮎川納）

No.

ヲ東洋ニ壓倒スルノ地歩ヲ確実ニスルコトヲ得ベシ、

卅四、今日先鞭ヲ着クルハ他日獨乙汽船ト困難ナル競争ヲ避ケシムル一方便ナルベシ、

卅五、撫順炭ノ販路ヲ印度支那ニ開クコトヲ得ニ之ニ就テハ少シク詳説スルヲ要ス、

現時此印度支那ノ石炭採掘額ハ年約五十五万噸ニ達シ尚將来益増加スベキ勢ナリ其炭質ハ無烟炭ニ近ク其分析ノ成績及火力ハ左ノ如シ、

カルボン百分ノ七五乃至八八、揮發物質百分ノ七乃至十五、塊炭ノ灰分百分ノ三乃至四、粉炭ノ灰百分ノ六乃至八、平均火力

18

No.

七千七百カロリー（カルヂフハ八千百カロリー）、即チ良炭ニ属スルモ油質少キカ故ニ燃エ付悪シク日本粉炭ト混和シテ（東京炭三日本炭一ノ割合ニテ）煉炭ト為スカ又ハ両炭ヲ混合使用（塊炭ノ分）スルニアラサレバ使用ニ便ナラズ殊ニ混合使用ハ最近実験ノ結果良好ノ成績ヲ得タルが故ニ将来此方面ニ於テ油質多キ撫順炭ノ販路ヲ開クコトヲ得ベシ

丸ノ此等ノ諸点ヨリシテ之ヲ観察スルニ今日當港大連間ニ我船舶ヲ以テ直通航路ヲ開クコトハ策ノ得タルモノナリト思ハル

カ故ニ特ニ貴基ノ御研究及御盡力ヲ煩ハシタシ

而シテ若シ南満会社ニシテ現時上海大連間ニ接續航路ヲ當港迄

14

No.

延長スルナレバ印度支那旅客及郵便輸送ノ為メニ海防ニ於テハ上記マルチ氏ヲ其代理店ト為スヲ以テ適当トセン。氏ハ現時日本郵船会社ノ代理店ナリ資産モ此地第一流ナルカ上ニ多年ノ航海業ヲ営ミ海防香港間ノ輸送業ニ明道セルコト之ニ及フモノナシ、代ハ実ニ此接続航路ニ於テ日本船カ独乙船ニ先鞭ヲ着ケラレシコトスルコトヲ慷慨スルカ故ニ切ニ我南満鉄道ノ計画ノ存スル所ヲ聞カンコトヲ希望ス、小生ハ年来ノ知己ニシテ且現今共同シテ農業経営ヲ為シ居ルノ関係モアリ御支障ナキ限リ御聞及ビノ要領ヲ御漏ラシ下サラバ非常ニ幸栄トスル所ニ御座候

右得貴意候也

22.

ヨ-0022　B列5　28字×10　南満洲鉄道株式会社　(13. 9. 10,000 綴川納)

(66)

整備項目			
索引番號	文書番號 15—1		

件名：北支那沿岸各港重要貨物調書

備考：

B列5

(12. 7. 5,000枚 松浦屋納)

一、安東縣ヨリ芝罘、大連、営口、天津、龍口行

木材約百萬連　此噸數四十萬噸

運賃平均一連一弗　銀一百萬弗

一、遼東黄海沿岸ヨリ芝罘行

山繭約八萬籠　此噸數五萬噸

運賃一籠一弗三十仙　銀十萬四千弗

一、遼東半島、大孤山方面ヨリ山東省行

雜穀四十萬石　此噸數七萬噸

運賃百石三十五弗　銀十四萬弗

一、貔子窩ヨリ朝鮮、日本行

散塩五萬噸

運賃一噸一圓五十銭　金七萬五千圓

一、大連旅順ヨリ南支那行キ

撫順炭二十萬噸

運賃一噸二弗　銀四十萬

一、大連ヨリ山東行

雑穀三萬噸

運賃一噸一圓六十銭　金四萬八千圓

一、大連旅順ヨリ山東行

撫順炭四萬噸

運賃一噸七十仙　　銀二萬八千弗

一大連ヨリ天津行

雜穀一萬噸

運賃一噸二圓五十錢　金二萬五千圓

一大連ヨリ海州行

雜穀一萬噸

運賃一噸二弗半　　銀二萬五千弗

一金州及五島ヨリ日本朝鮮行

散塩二萬噸

運賃一噸二圓　　金四萬圓

一復州湾ヨリ営口行
散塩五萬噸
運賃一噸一弗　銀五萬弗
一営口ヨリ天津行
撫順炭三萬噸
運賃一噸一弗三十仙　銀三萬九千弗
一営口ヨリ上海行
撫順炭五萬噸
運賃一噸一弗三十仙　銀六萬五千弗
一営口ヨリ浦塩行

官塩四萬噸

運賃一噸二弗六十仙　銀十萬四千弗

一営口ヨリ若松行

本渓湖炭三萬噸

運賃一噸四弗　銀十六萬弗

一営口ヨリ龍口行

雜穀及豆粕三十萬擔　此噸数二萬噸

運賃一擔六仙　銀六萬弗

一秦皇島ヨリ山東南支那行

開平炭十五萬噸

運賃一噸二弗　銀三十萬弗

一大沽太清河ヨリ南支那中支那行
官塩十五萬噸
運賃一噸二弗五十仙　銀三十二萬五千弗

一龍口ヨリ寧波南支那行
粉條二萬箇
運賃一箇三弗　銀六萬弗

一塘沽ヨリ山東遼東行
灤州炭二萬噸
運賃一噸一弗十仙　銀二萬二千弗

一龍口ヨリ天津行

砂ニ萬噸

運賃一噸一弗十仙　銀二萬二千弗

一芝罘ヨリ浦塩満洲行

果物野菜六百萬斤　此噸數四萬噸

運賃百斤二十仙　銀十二萬弗

一青島ヨリ浦塩行

生牛及生肉三萬頭

運賃一頭八弗　銀二十四萬弗

一大連ヨリ朝鮮行

撫順炭六萬噸（昨年ハ六萬噸アリシモ本年ハ減少）
運賃一噸一弗　銀六萬弗

一、朝鮮仁川鎮南浦ヨリ大連揚ケ
朝鮮米十萬石　此噸数一萬四千噸
運賃百石三十五圓　金三萬五千圓

運賃合計　金二十二萬三千圓
銀三百三十七萬六千弗

以上

乘客苦力往復概要

一、芝罘ヨリ安東、大連、営口ニ往復

約二十二萬人　一人二弗　銀四十四萬弗

一、芝罘青島ヨリ浦塩行

千九百九年ヨリ支那人ノ浦塩ニ入ル者ニ対シ過大ノ人頭税ヲ課スルコトトナリシニ依リ従来ハ此間ノ往復十萬人以上ナリシモ目下減少ス

約三萬人　一人十弗　銀三十萬弗

一、芝罘大連間往復（一千九百九年）

約六萬人　一人一弗　銀六萬弗

一、芝罘ヨリ西海岸行

約二萬人　一人一弗五十仙　銀三萬弗

一龍口登州府ヨリ營口行往復

約七萬人　一人二弗　銀十四萬弗

一大連龍口間往復

約二萬五千人　一人一弗五十仙　銀三萬七千五百弗

一天津營口間往復

約三萬人　一人一弗　銀三萬弗

運賃合計　銀一百三萬七千五百弗

以上

船舶原簿謄本

番號	信號符字	原名
第五拾貳號	QBGL	ビンツン

名稱	平順丸
船籍港	大連
種類	汽船
甲板ノ層數及種類	貳層　輕構船
外板ノ材料	鋼
船骨ノ材料	鋼
檣ノ數	貳本
艤具ノ裝置	スクーナー
船首ノ形狀	斜形
船尾ノ形狀	圓形
造船規程ニ定ムル方法ニ依リ測リタル長	貳百四拾六呎壹吋
船舶積量測度方法ニ依ル量噸甲板下ノ長	貳百四拾七尺
造船規程ニ定ムル方法ニ依リテ測リタル幅	參拾四呎八吋
船体最廣部ニ於テ内張板ノ内面ヨリ内面迄ノ幅	參拾三尺八寸
造船規程ニ定ムル方法ニ依リテ測リタル深	貳拾貳呎

製造地	伊國ゼノア
進水ノ年月日	西暦千九百貳年
造船者ノ氏名又ハ名稱	エヌ、オデロ、エンドコムパニー

船舶積量測度ノ方法ニ依ル量噸甲板下長ノ中央ニ於テ該甲板ノ下面ヨリ船底内張板ノ上面マテノ深	拾九尺五寸五分
支水隔壁ノ数	五
二重底ノ位置及容量	全通　參百四噸參
最大喫水	拾七呎參吋
量噸甲板下部ノ噸数	千四百五拾五噸八七
量噸甲板上部ノ噸数	貳百參拾六噸〇五
甲板間噸数	／
船首樓ノ噸数	參拾七噸九壹
船橋樓ノ噸数	百貳拾七噸五七
船尾樓ノ噸数	四拾七噸貳五
圓室ノ噸数	貳拾參噸參貳
其他蔽圍セル場所ノ噸数	／
總噸数	千六百九拾壹噸九貳
登簿噸数	千四拾八噸九九
船員常用室ノ噸数	百壹噸五貳
機關室ノ噸数	五百四拾壹噸四壹

汽機ノ種類及数	参聯成　壹個
汽罐ノ種類及数	円筒形、　弐個
汽罐ノ材料	鋼
汽筩ノ数	参個
汽筩ノ径	高壓拾八吋　中壓弐拾九吋八分ノ壱　低壓四拾七吋四分ノ壱
汽筩ノ行長	参拾五吋弐分ノ壱
推進器ノ種類及数	螺旋推進器　壹個
公称馬力	百拾参馬力
汽機製造ノ年月日	西暦十九百弐年
汽罐製造ノ年月日	西暦千九百弐年
汽罐製造者ノ氏名又ハ名称	エヌ、オデロ、エンド、コムパニー
汽機製造者ノ氏名又ハ名称	エヌ、オデロ、エンド、コムパニー
所有者ノ氏名又ハ名称及住所並共有者アルトキハ其持分	大連監部通壹町目 弐拾六号地 大連汽船合名会社

登録年月日	記事
大正貳年貳月拾七日	關東州船籍令第壹條第參號及第五條第貳項ニ依ル 外國船購入

右原簿ニ依リ之ヲ作ル者也

大正參年拾壹月拾參日

關東都督府海務局技師　鎌田豊之助

製造地	進水ノ年月日	造船者ノ氏名又ハ名称
大阪市	大正拾貳年貳月貳拾貳日	合資會社 原田商行

船舶積量測度法ニ依リ量噸甲板下長中央ニ於ケル甲板ノ下面ヨリ船底内張板ノ上面マテノ深	水密隔壁ノ数	二重底位置及容量	最大喫水	量噸甲板下部噸数	量噸甲板上部噸数	甲板間ノ噸数	船首樓ノ噸数	船橋樓ノ噸数	船尾樓ノ噸数	圓室ノ噸数	其他蔽圍セル場所ノ噸数	總噸数	登簿噸数	船員常用室ノ噸数	機関室ノ噸数
拾六尺四寸五分	四	/	拾壹呎參吋	五百五拾七噸壹	百六噸五貳	/	/	六拾七噸六壹	/	貳拾四噸五參	拾四噸參八	六百六拾參噸六貳	四百拾壹噸四四	參拾九噸八貳	貳百拾貳噸參六

汽機ノ種類及数	参聯成 壹個
汽罐ノ種類及数	筒形 壹個
汽罐ノ材料	鋼
汽筩ノ数	参個
汽筩ノ徑	高壓拾壹吋弐分壹、中壓拾九吋四分参、低壓参拾参吋弐分壹
汽筩ノ行長	弐拾弐吋
推進器ノ種類及数	螺旋推進器 壱個
公稱馬力	五拾五馬力
汽機製造年月日	大正弐年拾弐月弐拾弐日
汽罐製造年月日	大正弐年拾弐月弐拾四日
汽罐製造者ノ氏名又ハ名稱	合資會社 原田商行
汽機製造者ノ氏名又ハ名称	合資會社 原田商行
所有者ノ氏名又ハ名稱及住所並	大連監部通壹百弐拾六番地
共有者ナルトキハ其持分	大連汽船合名會社

登録年月日	記事
大正参年参月拾四日	関東州船籍令第壹條第参號及第五條第貳項ニ依ル 新造

右原簿ニ依リ之ヲ作ル者也

大正参年拾壹月拾参日

関東都督府海務局技師　鎌田豊之助

船舶原簿謄本

番號	信号符字	原名
第九拾九號	QBKN	／

名稱	利濟丸
船籍港	大連
種類	汽船
甲板ノ層數及種類	貳層輕構船
外板ノ材料	鋼
船骨ノ材料	鋼
檣ノ數	貳本
艤具ノ装置	スクーナー
船首ノ形狀	直形
船尾ノ形狀	楕圓形
造船規程ニ定ムル方法ニ依リテ測リタル長	百七拾參呎
船舶積量測度方法ニ依ル量噸甲板下ノ長	百八拾貳尺壱寸
造船規程ニ定ムル方法ニ依リテ測リタル幅	貳拾四呎六吋
船体最廣部ニ於テ内張板ノ内面ヨリ内面マデノ幅	貳拾四尺壱寸
造船規程ニ定ムル方法ニ依リテ測リタル深	拾八呎

製造地	大阪市
進水ノ年月日	明治四拾参年参月八日
造船者ノ氏名又ハ名称	範多龍太郎
船舶積量測度法ニ依ル上甲板下長ノ中央ニ於テ該甲板ノ上面ヨリ船底内底板ノ上面マテノ深	拾八尺壱寸
支水隔壁ノ数	四
二重底ノ位置及容量	／
最大喫水	拾弐呎六吋
量噸甲板下部ノ噸数	六百五拾八噸〇八
量噸甲板上部ノ噸数	九拾九噸四弐
甲板間ノ噸数	／
船首楼ノ噸数	拾噸参六
船橋楼ノ噸数	四拾六噸〇壱
船尾楼ノ噸数	／
圍室ノ噸数	参拾五噸五七
其他蔽囲セル場所ノ噸数	七噸四八
総噸数	七百五拾七噸五
登簿噸数	四百六拾九噸六五
船員常用室ノ噸数	四拾五噸四五
機関室ノ噸数	弐百四拾弐噸四

汽機ノ種類及數	參聯成　壹個
汽罐ノ種類及數	筒形　壹個
汽罐ノ材料	鋼
汽筩ノ數	參個
汽筩ノ徑	高壓拾參吋拾分ノ壹、中壓貳拾壹吋貳分ノ壹、低壓參拾六吋
汽筩ノ行長	貳拾七吋
推進器ノ種類及數	螺旋推進器　壹個
公稱馬力	六拾四馬力
汽機製造ノ年月日	明治四拾參年參月九日
汽罐製造ノ年月日	明治四拾參年參月九日
汽罐製造者ノ氏名又ハ名稱	範多龍太郎
汽機製造者ノ氏名又ハ名稱	範多龍太郎
所有者ノ氏名又ハ名稱及住所ノ並共有者ナルトキハ其持分	大連監部通壹丁目貳拾六號地　大連汽船合名會社

登録年月日	記事
大正弐年拾弐月弐拾六日	関東州船籍令第壱條第参号及第五條第弐項ニ依ル 内地船籍ナ

右原簿ニ依リ之ヲ作ル者也

大正参年拾壱月拾参日

関東都督府海務局技師　鎌田豊之助

船舶原簿謄本

番号	信号符字	原名
第百拾七號	QBLT	辨天丸

名称	辨天丸
船籍港	大連
種類	汽船
甲板ノ層数及種類	貳層
外板ノ材料	鋼
船骨ノ材料	鋼
檣ノ数	壹本
綱具ノ装置	スループ
船首ノ形状	直形
船尾ノ形状	楕圓形
造船規程ニ定ムル方法ニ依リテ測リタル長	百拾四呎
船舶積量測度方法ニ依ル量噸甲板下ノ長	百拾八尺参寸
造船規程ニ定ムル方法ニ依リテ測リタル幅	拾八呎六吋
船体最廣部ニ於テ内張板ノ内面ヨリ内面マテノ幅	拾七尺七寸
造船規定ニ定ムル方法ニ依リテ測リタル深	拾壹呎八吋八分三

製造地	進水ノ年月日	造船者ノ氏名又ハ名称
東京市	明治四拾年拾月七日	株式會社東京石川嶋造船所

船舶積量測度法ニ依ル量噸甲板下ノ長ノ中央ニ於テ該甲板ノ下面ヨリ船底内張板ノ上面マデノ深	拾尺七寸
支水隔壁ノ数	四
二重底ノ位置及容量	/
最大喫水	九呎
量噸甲板下部ノ噸数	百四拾七噸七六
量噸甲板上部ノ噸数	五拾壹噸貳八
甲板間ノ噸数	/
船首樓ノ噸数	貳噸六七
船橋樓ノ噸数	/
船尾樓ノ噸数	/
圓室ノ噸数	四拾六噸六七
其他蔽圍セル場所ノ噸数	壹噸九四
總噸数	百九拾九噸〇四
登簿噸数	百七噸四八
船員常用室ノ噸数	拾壹噸九四
機關室ノ噸数	七拾九噸六貳

汽機ノ種類及数	参聯成　壹個
汽罐ノ種類及数	筒形　壹個
汽罐ノ材料	鋼
汽筒ノ数	参個
汽筒ノ径	高壓拾壹吋　中壓拾八吋　低壓参拾吋
汽筒ノ行長	拾八吋
推進器ノ種類及数	螺旋推進器　壹個
公稱馬力	四拾五馬力
汽機製造ノ年月日	明治四拾年九月拾日
汽罐製造ノ年月日	明治四拾年九月貳拾五日
汽罐製造者ノ氏名又ハ名称	株式會社東京石川嶋造船所
汽機製造者ノ氏名又ハ名称	株式會社東京石川嶋造船所
所有者ノ氏名又ハ名稱及住所並共有者ナルトキ其持分	大連監部通壹町目貳拾六号地 大連汽船合名會社

登録年月日	大正参年九月貳拾六日
記事	関東州船籍令第壱條第参號及第五條第貳項ニ依ル 内地船購入

右原簿ニ依リ之ヲ作ル者也

大正参年拾壹月拾参日

関東都督府海務局技師鎌田豊之助

船舶原簿謄本

番號	第九拾四号
信号符字	QBKG
原名	龍平丸

名稱	龍平丸
船籍港	大連
種類	汽船
甲板ノ層数及種類	貳層 輕構船
外板ノ材料	鋼
船骨ノ材料	鋼
檣ノ数	貳本
綱具ノ装置	スクーナー
船首ノ形状	直形
船尾ノ形状	楕圓形
造船規程ニ定ムル寸法ニ依リテ測リタル長	百八拾呎
船舶積量測度寸法ニ依ル量噸甲板下ノ長	百八拾六・尺九寸
造船規程ニ定ムル寸法ニ依リテ測リタル幅	貳拾七呎
船体最廣部ニ於テ内張板内面ヨリ内面マデノ幅	貳拾六尺貳寸七分
造船規程ニ定ムル寸法ニ依リテ測リタル深	拾九呎

大連自由港設定ニ関スル露国皇帝

ニコラスノ勅諭

西、一八九九年八月十一日

No.

21308

大連自由港設定ニ関スル露国皇帝ニコラスノ勅諭

西一八九九年八月十一日

ヨ－0022　B列5　28字×10　南滿洲鐵道株式會社

No. 1　タイプライター原稿用紙

大連自由港設定ニ関スル露国皇帝ニコラスノ勅諭

（一八九九年八月十一日
露暦一八九九年七月三十日）

大蔵大臣宛

吾国ハ欧亜ニ跨ル大領土ヨリ成立セルヲ以テ東西ノ人類ノ平和ナル接觸ニ貢献スルハ天帝ノ命スル處ナリ此歴史的目的到達ノ為メニ我国ハ大連湾旅順及附近ノ領土使用ノ権利ヲ讓與シ大西比利亜鉄道カ清国ノ領土ヲ通過シテ黄海ニ出口ヲ求ムルヲ得シメタル清国ノ友誼的援助ヲ享受セリ清国皇帝陛下ノ政府ノ賢明ナル決断ニヨリ旧世界西大陸ノ両極端カ一鉄路ニ依リ直接聯繋セラレントスルノ日ハ目睫ニ迫リ各国民ニ交通ノ便宜ナル無限ノ利益ヲ與ヘ世界貿易ノ活動ニ新範囲ヲ加ヘントス

斯ノ如キ一般的効用ヲ有スル計画實現ノ希望益々切ナルモノアリ鉄道開通ノ暁其終點タル大連湾ニ歸スヘキ最モ重要ナル地位ニ着眼セサルヲ得ス。朕ハ既ニ大連湾ノ占有後該港ハ世界各国ノ商業船舶ニ等シク解放セラルヘキコトヲ宣言シタルニ鑑ミ該湾ノ近邊ニ於テ「ダルニー」ト命名スル

南満洲鉄道株式会社

ヨ—0024　B列5　32×15　●分割打字ヲ要スル原稿ハ五、六頁乃至一〇頁ニテ區切ルコト　(15. 5. 8.000冊 共和謄納)

一都市ノ建設ニ着手スルヲ賢明ノ策ナリト思惟ス
同時ニ將来該都市ノ商業的発展ヲ期セシカ爲メ一八九八年三月十五日（新
曆二十七日）ノ露清間ノ條約ニ依リ露國カ該港灣ヲ保有シ得ル全期間左記
條件ノ下ニ自由港ニ與ヘラレタル自由貿易ノ權限ヲ付與ス
（一）大藏大臣ノ決定シタル（若クハ変更スルコトアルヘキ）都市港灣及附
近ノ地区内ニ於テハ總テノ種類ノ貨物ノ輸入輸出ニ對シテ関税ヲ徴
集セス
（二）上記附與セラレタル自由貿易ノ權限ハ港ニ於テ課スヘキ通過税碇
泊料其他各種ノ税ノ徴収ヲ防ケス
（三）入港スル總テノ船舶ハ傳染病豫防ノ目的ニテ発布セラレタル検疫
ニ関スル規則ヲ嚴守スルヲ要ス
（四）自由貿易ノ權限ヲ享有スル地区ヨリ露國内ニ輸入スル商品ハ外国
品ノ輸入ニ関スル一般ノ規定ニ基キ検査ヲ受ケ関税ヲ納付シ而シテ
後帝國内ニ通過セシムヘキモノトス
此平和的事業ニ對シ神明ノ加護ヲ祈リ該都市及港灣建設ノ監督ヲ大藏大

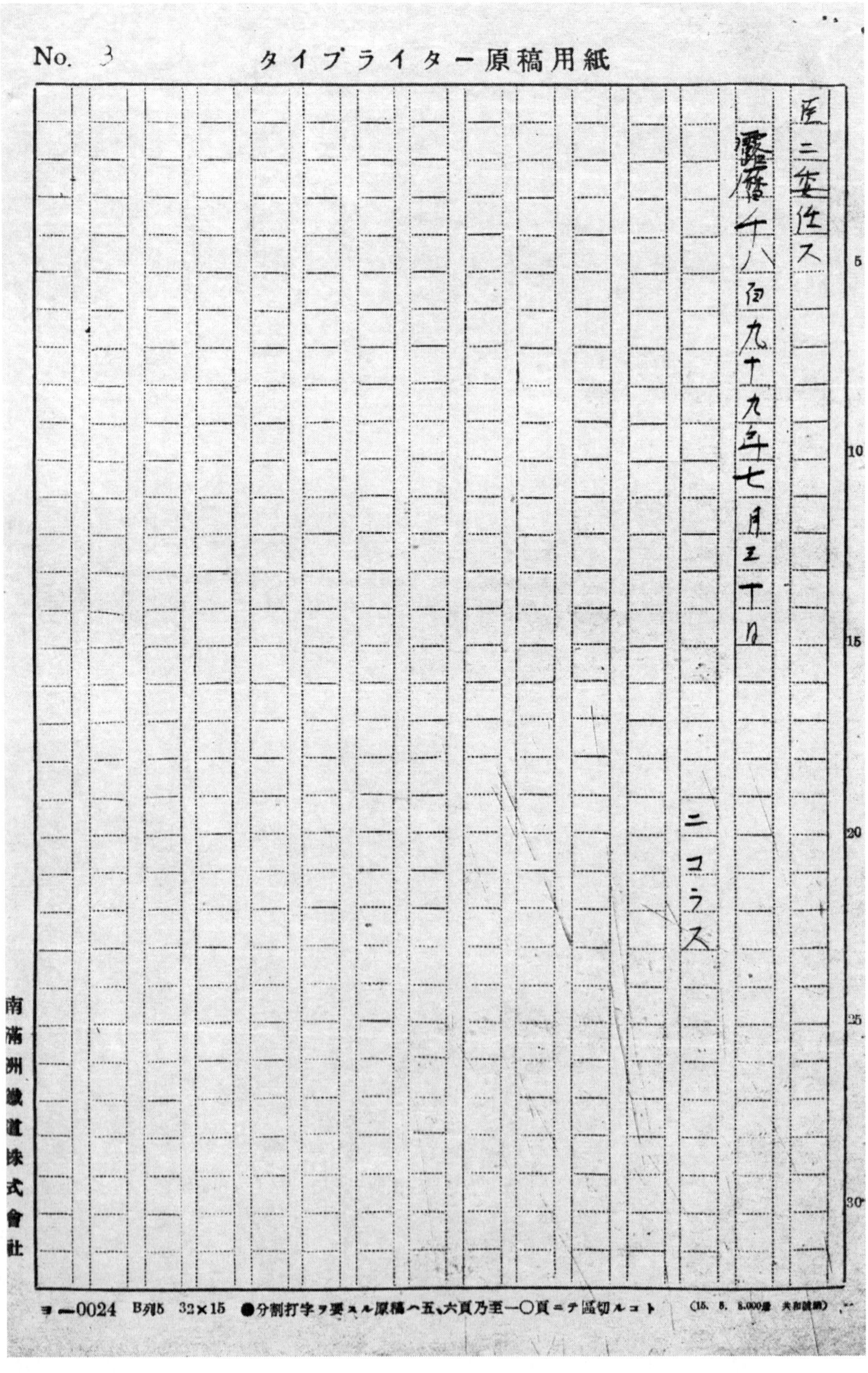

No. 3　タイプライター原稿用紙

臣ニ委任ス

露暦千八百九十九年七月三十日

ニコラス

南滿洲鐵道株式會社

ヨ—0024　B列5　32×15　●分割打字ヲ要スル原稿ハ五、六頁乃至一〇頁ニテ區切ルコト

大正三年三月

大連自由港撤廃反対意見

21309

47/162

大連実業会会長
長浜敬介

21309

No. /

注意　一、明治三十九年度ノ大連貿易額不明ナルハ四十年六月始メテ此地ヘ支那税関ヲ設置セシニ由ル從ツテ四十年度ノ貿易額モ半ケ年間ノ合計トス

二、大正二年ノ青島貿易額不明ナルハ同税関統計ノ未発表ナルニ由ル

青島ノ開放（明治三十一年九月）ガ大連開港ニ先ツコト数年ナルニ拘ラズ中継貿易額増加率ノ大連ニ於ケルガ如ク著シカラザルハ其地勢ガ中継貿易港トシテ不利ノ地位ニアル所以ナリトス之レ前項ニ既述セルヲ以テ茲ニ再ビ贅セザルモ其内容ニ一

ヨ-0022　B列5　28字×10　南滿洲鐵道株式會社　(13. 9. 10,000冊 鮎川納)

No. 2

就キ一應ノ調査ヲ遂ゲントス大正元年度ノ税関年報ニ據レハ青島ノ両輸出百六十一萬八千余両大連三百二十三万四千余両ヲ算シ其比率ハ前者三割三分二厘後者六割六分八厘ナル割合ヲ示セルガ更ニ其内譯ニ眼ヲ注ガンカ青島港ガ支那品ノ両輸出ニ於テ稍ヤ大連ニ優レルニ反シ大連港ハ外国品（主トシテ日本製品）両輸出ニ於テ前者ヨリ遥カ優勝ノ地位ヲ占ム即チ大連ノ外国品両輸出額ハ青島ニ比シテ十倍強ノ割合ヲ現出セリトモ支那品両輸出額ハ青島ニ割三分強ト其地位ヲ顛倒セリ、此理由ハ上海方面ヨリ青島ニ輸入スル支那貨物ガ更ニ沿岸貿易艦船ニヨリ芝罘、大連、天津、安東ノ諸港ヘ中継サルルニ依ルモノナレバ大連港ハ毋むトノ

No. 3

距離近ク本邦對外貿易ノ振興ニ資スル上ニ於テ好箇ノ地位ヲ占メ且ツ長期低利為替ノ如キ金融上ノ特典ヲ有スルヨリ中継港トシテノ性質モ自ラ前者ト異ナリ本邦若クハ外国ヨリ背後地ニ仕向ケ可キ輸入セシ貨物ヲ僅カノ注文ニ應シテ或ハ對岸山東省沿岸ノ芝罘、龍口、威海衛等ニ発送シ或ハ天津営口、安東、上海、等ニ仕向ケ時トシテ朝鮮方面ヘノ再輸出ヲモ行ヒ今ヤ大連ハ渤海湾頭ノ仕入市場トシテ逐年貿易額ヲ増進シ関東都督府及ビ満鉄会社モ将来益中継港トシテノ発達ヲ助長スベク黄海並ニ渤海沿岸ノ定期航路ヲ補助奨励シツヽアルナリ、然ルニ大連自由港ニシテ一度撤廃サレンカ假令免税地区ノ存在アリトスルモ此等再輸出ニ對ニ

No. 二

ル貿易港ノ價値ヲ減殺スル恐レナシトセズ、何トナレバ現時大連埠頭倉庫規則ハ海路輸入品ニ對シ(一)普通貨物ハ荷揚終了後四日間ダケ保管料ヲ免除シ(二)海路再輸出品ニハ入庫後二十日マデヲ限リ保管料免除ノ特典ヲ與ヘ居ルモ元来大連港ノ中継貿易ナルモノハ先物取引ノ場合勘キヨリ是等市場在荷中ノ~~果シテ~~幾何カ再輸入品タルヤ予知シ得ザルヲ以テ、荷為替付商品ノ外ハ埠頭倉庫ノ高率ナル保管料ヲ免カルベク荷揚終了後市場内倉庫ニ搬入サルモノ多キ実状ニアレバ有税港実施ノ暁ニ於テ、其等商品ガ免税区域ヲ出ヅル際必ズ関税ヲ納付セザル可カラズ然セバ輸入品卸問屋ハ凡テ課税額丈ケノ金利負擔ヲ重ラシ後日該商品ニシテ他

ヨ-0022　B列5　28字×10　南滿洲鐵道株式會社　(13. 9. 10,000冊 結川納)

No. 5

港ニ再輸出サルル場合既納関税ノ拂戻ミヲ受ケ得ルトスルモ煩鎖ナル前後二回ノ税関手續及ビ通関費用ヲ要スルヨリ為メニ商機ノ敏活ヲ欠ク憾ミナシトセズ他ニ中継貿易ノ計算上注意スベキハ自由港ノ場合輸入貨物ノ破損品ハ單ニ物品價格丈ケノ損害負擔ニ止マルト雖モ有税港ノ曉ニハ輸入中ニ生ゼシ毀損品マデモ完全商品ト一律ニ徴税サルル結果商人側ニ及ボス損害ハ毀損品價格並ニ同関税額ノ合計ナレバ自然注文先ニ對スル卸賣値段ヲ高騰スルヲ免カレザル可シ然ルニ方今渤海沿岸諸港ニ於ケル實際商業ハ眞ニ錙銖ノ利ヲ爭フ劇甚ノ状態ニアレバ大連相場ニテ騰貴ヲ見ルヿアランカ従来頻繁ナリシ取引注文モ忽チ他ヘ奪ハ

No.

ハ過去ニ恒瀾ノ發展ヲ見ヨ大連中継商業ハ漸次不振ニ陥ルナキヲ保シ難シ[illegible]而シテ此打撃ハ啻ニ大連商勢ノ消長ニ関スルノミナラズ之レヲ大ニシテハ我国家商業ノ振興策ニ背馳スルモノト言ハザルベカラズ

由是観之大連港四囲ノ状勢ハ現行自由港制度ニ能ク適應セルモノニシテ、何等税関制度改正ノ必要ヲ認メズ殊ニ吾人ノ注意スベキハ支那現行関税率ガ従価五分税ヲ標準トスルモ往年各国ト該條約締結ノ際將来支那ハ釐金税廢止ヲ條件トシテ更ニ七分五厘ヲ増率シ一割二分五厘ニ輸入関税ヲ改正スベキ要求権ヲ保留セルヲ以テ昨年来支那政府ハ該関税改正ノ実行ヲ各国政府ニ要

ヨ-0022　B列5　28字×10　南満洲鐵道株式會社　(13. 9. 10,000冊 結川納)

No. 7

請シ英米独逸等ノ内諾ヲ経タル由ナレバ我当局ハ早晩之レガ要求ヲ容レントスルモノノ如シ本問題ハ大連税関制度改正問題ト共通ノ利害関係ヲ有ス吾人ノ上来述ベ来レルハ単ニ五分税現行率ヨリ打算セシ影響ヲ予想シタルニ過ギザルモ若シ関東州民ニシテ一割以上ノ課税ヲ負擔スルトセバ其ノ打撃ヤ更ニ甚大ナルモノアル可キヲ疑ハズ茲ニ附記シテ自由港撤廃反對意見ノ結論ニ代ヘン

大正三年三月

大連実業会会長

長濱敬介

長浜敬介

一九二九年 露支交涉

（支那政治経済年史—東亜経調編）

20171

1

最近露支外交関係の展望　（支那公論　十一巻四号）

奉露通商交渉の成立まで　（　〃　十二巻一号）

露支交渉に関する蘇連政府の声明
附、支那側の発表せる哈名協定全文　（MT35-7-1）

露支交渉ニ関スル重要公文及要綱　（MT11-7-7）

新聞紙上のロシヤ　（MT36-121）

Facts about the Chinese eastern railway situation
by Hollington K. Tong　（K23-83）

南満洲鉄道株式会社

№ 2

Советско-китайский конфликт 1929

(сборник документов)

Москва 1930.

(3174 – сов)(ZC7冊·資料)

一、露支交渉

一、戦況概要

一九二九年七月十日対東支鉄道クーデター、同十三日附対支最後通牒、同十七日附対支国交断絶通牒、かくして露支両国は交戦状態に入り、

東北部戦線（綏遠、同江、綏東、富錦、樺川方面）東部戦線（五站、琿春、東寧方面）、北部戦線（黒河方面）、西部戦線（満洲里、海拉爾方面）の各地に戦端を開くに至った。

支那国防軍は十月十二日東北部戦線に於ける蘇聯の同江奇襲、同十四日ラハス、同三十日富錦の襲撃に破れ、十一月八日北部

No. 2

戦線黒河の被襲、更には同十七日西部戦線紮農撲ジャライノール襲撃及紮農砲兵の満洲里攻撃、同二十一日遂に満洲里撤退を餘儀なくされ、同二十四日海拉爾陥落を以て興安嶺以西は完全に赤軍の勢力下に制せらるるに至り、大勢は既に支那側の完全なる敗北に帰するに至つた。

ヨ—0022　B列5　28字×10　南満洲鐵道株式會社

No. 3

二、東北政權の窮境

今回の露支抗争勃発当初、奉天政權は、南京政府協同の下に強硬なる革命外交を以て蘇聯に衝れるも、蒋の國民黨が、多年の要望たる外交統一、財政統一及鉄道統一の実現を東北四省に擴成せんとするの野望を看破せる張学良は、翻然、國民政府との提携を断った対露妥協主義を持するに至った。更に支那本部の時局漸次反蒋気運に向ひ、進んでは馮閻の抗争勃発するに及び断然、東支鉄道問題を政府の手より奪却して單獨に奉露交渉を以てこれが解決に当らんとした。

かくの如き支那側内訌に因る妥協気運に反して、蘇聯は飽く

No. 4

まで強硬態度を以て終始し十月十二日同江奇襲、同十四日のラハスス襲撃を敢行した。この撃襲に狼狽せる張学良は、十月二十一日急遽、東北四省最高軍事会議を招集して議する所あつた、此会議の内容は絶体秘密にして詳細を知り得ないが、傳へらる所に依れば、議題は支那本部時局に対する奉天政府の態度、対露問題に関する最後の方針及び対露戦費の捻出策等に関したものの如くである。即ち対南方時局に対しては、張作相の主義になる保境安民を以て望むことに決し、国民政府に対しては表面上後楯として盡す旨を通電したと傳へらる、當面の露支問題に関しては硬軟両論大いに議する所あつたが結局、

ヨ―0022　B列5　28字×10　南満洲鉄道株式會社

No. 5

一、反蒋運動の現況よりして奉露関係の現状維持は自衛上不利なること。

一、國境は既に結氷期に迫り大部隊の駐屯は困難なること。

一、対露持久戦々費の窮乏。

等あり、更には東三省外交権の奪還確立の意味に於て、新局面打開策上対露単獨交渉に意を決したるものの如くである。

而してこの間にあって國民政府は奉天政権の外交権還元を快しとせず。

『露支交渉問題に就ては中央政府の精神を尊重し、地方的単獨交渉は絶体に回避すべく、若し止み難き事情あらば政府の令

ヨ—0022　B列5　28字×10　南満洲鐵道株式會社

No. 6

に聴従せよ」

との訓令を寄せて東北政権を牽制すべく交渉遷延主義を執り、更に國民政府は十月二十四日露支関係決裂に関する対外宣言を発し、其の対露政策として、

一、ロシヤ政府に東鉄の収支決算報告を求め、其の不備を指摘し、回収に向って最後の努力を試みる。

二、ロシヤ政府が之に應ぜざる時は最後手段として東鉄問題を國際仲裁に判所に提出して世界の公平なる審判を求める。

三、不戦條約の趣旨に省み、支那は積極的戦争行為の一切を避ける。

No. 7

旨を中外に聲明した。

この大膽なる國民政府の宣言は、蘇聯をして甚だしく激怒せしめ即ち十月三十日東部戰線富錦の猛襲を敢行せしめた。

ここに於て問題解決の端緒發見に焦燥し來れる奉天政權は益々紛糾し行く國境の不安と、財政の窮乏とのために更に窮境に陷るに至った。

ヨ－0022　B列5　28字×10　南滿洲鐵道株式會社

No. 8

三、東北政権軍獨立歩の端緒

十一月十七日、蘇聯の西部戦線ジャライノール、満洲里襲撃。同二十四日海拉爾陥落と一段落となって支那軍は既に再び立つ能はざるの敗滅に遭った。而してこの間萬福麟との内部確執。蘇聯に依る呼倫貝爾獨立煽動或は國府軍の内面暴露の弱機に乗ぜんとする呼倫貝爾政廳の策動、更には奉天政府の軍費の窮乏民奉票並に吉林官帖の大暴落等奉天政権は、四苦八苦の窮地にあり、乃ち張学良は二十五日蔣介石に対し。

東北軍は既に十萬の兵を國境に動かし、軍費一千萬元を消費せるも中央はこれに援助をなさず対露立歩を荏苒せしめてゐ

No. 9

る。迅速に交渉を開始されたし。

と打電督促し一方曩に露支交渉の任に当り比較的に露國側に好感のあつた哈爾浜交渉員蔡運升及び李紹庚を招電して対策を議する處あり、奉露單獨交渉の機運は漸時熟して来た。

國民政府外交部長王正廷は、最初より革命外交の下に露支交渉遷延主義を固守してゐたが、情勢かくの如く変転せるにより二十五日獨逸政府を通じて蘇聯に右の如き妥協條件を提示した。

一、露支両國は同数、第三國より一名を選んで協同調査会を組織し実地調査をなしたる上双方の責任を明にする。

一、ロシヤは右提案に應諾せば両國軍隊は直に現在戦線から三

ヨー0022　B列5　28字×10　南満洲鐵道株式會社

No. 10

十哩撤退す。
一、双方共責任回避又は対手國を非難するが如き言動を一切中止し第三國の正当なる判断に待つ。
一、かくして東支鉄道其の他一切の懸案を解決する。
而して暗に第三國として米國の然るべき発言を待望するかに見え、ただ、支那國防軍の内面暴露による醜状を知悉せる蘇聯は、飽くまで強硬態度を持して東支鉄道の現状回復を固執し、
奉露協定第一條第四項
『両締約國政府は將来とも東支鉄道問題は只中國及「ソ」露國両國間に於て解決し、第三者の干渉を許さざる事に同意す』を継に、

No. 11

断呼として第三國の介入を拒否した。而して支那側の具体的誠意を披瀝するに非れば断じて交渉に應ぜざるの態度を示し、交渉の前途不安に思はれただ、他方露奉両者間に暗流する交渉気分は疑ふべくもなく日増に濃厚となつて来た。

No. 12

四、奉露豫備交渉の前段階

これより先、十一月二十二日付文書を以て張学良宛、労農外務人民委員會次長リトヴィノフの名の下に通告したる労農政府の交渉豫備條件の内容は左の如く三ケ條より成る。

一、一九二四年露支、露奉協定に準據し、東支鉄道を紛爭前の原状に回復することを支那側が公式に同意すること。

一、一九二四年露支、露奉両協定に基き労農側の推薦する東支鉄道正副管理局長を即時復任せしむること。

一、今次の紛爭に関聯し捕縛されたる全労農國籍者を即時釋放すること。

ヨ－0022　B列5　20字×10　南満洲鐵道株式會社

No. 13

即ち東支鉄道原状回復、正副管理局長即時任命及び拘禁者釋放の三基礎的條件を提議したのである。が、これに対し張学良は二十六日附「東支鉄道を露支紛争突発前の原状に回復する」旨の返電を発してゐる。而して廿七日更に張学良に宛てたるリトヴイノフの回答電報は左の如くである。

ハルビン二交渉員蔡運升氏を通じて去る十二月二十二日文書を以て通告したる奉天政府の交渉豫備條件を完全に受諾すべきことを宣明せる十二月二十六日附貴電正授諾せり。

同豫備條件の内容は左の如し（内容前掲略）

右第二項に基き奉天政府は、東支鉄道管理局長エムシヤノ

No. 14

フ（前管理局長）副管理局長にエイスモント（前副管理局長）の復任を推薦し、この点につき貴下の即時公式確認を期待す。

貴下の同じく受諾されたる第一、第三の両項に関しては、労農政府は第二項の実行され次第、直に貴下が正式信任状を携帯せる代表をハバロフスクに派遣せられんことを提議し、労農側に於ては労農外務人民委員会ハバロフスク代表シマノフスキーを任命し、以上諸項の実行に関する技術的問題の討議並露支会議の日時、及場所に関する諸問題の解決に当らしむ。

右三原則的條件の中、尤も緊要なるは云ふまでもなく第一項東支鉄道原状回復の点にあるが、當面の問題として露支両國議

No. 15

論の中心となれるは、実に十二項正副管理局長任命問題なる点より察するも、今回露支抗争に於ける支那側の徹底敗北を明瞭に物語るものであるが、この点は暫く措き十二項に関する蘇聯側の見解と支那側とそれとに重大なる開きあり、即ち蘇聯側は「支那側が東鉄原状回復を承認せる以上今回任命さるべき正副管理局長は旧正副局長エムシャノフ、エイスモントが当然復職すべきものなり」と云ふに反し、支那側は「東鉄原状回復には敢之て異議を挟むの余地なきも従来の如き東鉄の庁務的経営並に事件直接の責任者たる旧正副管理局長の復任には絶体に反対すと云ふにある、即ち張学良は三十日付南京政府に対し

No. 16

『支那側に於ては当の責任者呂榮寰、張景惠両氏を辞職せしむる故労農側にてもエムシヤノフ、及エイスモントの復任を見合せ新しい他の人物を当てられたし』と管理局長復任の撤回を要求した。

然るに蘇聯は飽くまで強硬なる態度を持して譲らず、東鉄の原状回復が先決條件なりとして左の如き対支威壓的態度をとってゐる。

最近露軍は支那軍に大主力の兩翼を撃滅した。之によって我が領土を侵撃せんとしたる支那軍は其の企圖を挫折された。而して露軍は敗走する支那軍を追撃してハルピンに迫進出することと

No. 17

極めて容易である。然し吾等の目的は満洲里、哈爾浜の占領ではなく國境を脅かす敵軍の掃蕩にあるを以てこれ以上の積極的行動はとらない。支那軍が今次の戦闘により海拉爾乃至哈爾浜迄退却するともそれは吾等の断じて干與する處ではない。吾等は今次の行動により支那軍の國境侵入撃退と云ふ直接目的を達した以外に、支那に與ふるに更に一つの実物教訓を以てした。即ち支那をして露軍の威力の如何なるものかを知らしめた。東鉄問題に関しては露國は寸毫の譲歩をもなさず、若し支那に於て奉露協定を履行せざる限り、吾等は断じて攻撃の手を緩めざるものなることを想起せしめた。

No. 18

一奉天当局として此種の教訓の反覆を欲しないならば、又今日以上の支那軍隊の破滅を欲しないならば、それは唯一の途がある即ち東鉄の完全なる原状回復、監禁中の露人の解放、白系武装団の武装解除及び国境軍隊の撤退である。然る後に於て吾等は始めて露支正式会議に応ずべく奉天当局は速やかに之に着手すべきである。若し夫れ再び延期引策を採るに於ては、更に猛烈なる露軍側の武力行動を誘致するであらう。

右の如き断乎たる威嚇的態度に敗残者東北政権は余儀なく屈服的譲歩を決し、右三條件を大体承認の上、直ちにハルピン交渉員蔡運升をして豫備交渉全権に任命してハバロフスクに赴か

No. 19

しめ、ロシヤ側豫備交渉全権ハバロフスク外務代表レマノフスキーと会見交渉の任に當らしむることになつた。

No. 20

五、第一次ニコリスク、ウスリスク豫備交渉

十二月三日ニコリスク、ウスリスクに於て調印された蔡運升、ルマノフスキー豫備交渉議定書の内容は左記の如きものである。

豫備交渉議定書

一、ハルピン交渉員蔡運升は奉天政府を代表し東鉄理事長呂榮寰を理事長の地位より免ずべきことを宣言す。

外務人民委員会ハバロフスク代表ルマノフスキーは労農政府を代表し理事長呂榮寰の解職を見たる上は労農政府は、八月二十九日労農代理外務人民委員長リトヴィノフがモスコーに於て獨逸大使フオン、デルクセンになしたる宣言に基

No. 21

きエムシヤノフ及エイスモントに代るべき東鉄正副管理局長の候補を推薦する用意ある旨を宣言す。

而して右の場合労農政府はエムシヤノフ及エイスモントを東鉄の他の職に任ずべき権利を留保す。

然して蔡運升はシマノフスキーとの直接会談に於て二の点に関し同意を声明せり。

一、交渉員蔡運升は奉天政府を代表し、奉天政府は凡ゆる手段に依り露支間の紛争を解決し且つ将来の紛議に対する凡ての原因を除去せんと希望する見地より、一九二四年露支、露奉両協定を全般的に、且つ各部にわたりて厳守格守すべ

ヨ—0022　B列5　28字×10　南満洲鉄道株式会社　(17. 8. 5,000冊 ...)

No. 22

きことを宣言す。外務人民委員会はハバロフスク代表とマ
ノフスキーは労農政府を代表し、奉天政府は一九二四年の
露支、露奉両協定を実行すべきことの蔡交渉員の宣言を、満
足をもって諒承し、自らも又労農政府は常に露支両國間に
現存する諸條約の基礎に立脚し来れるを以て勿論右協定を
その全般にわたり並に各部分に就いても厳重実行すべきを
宣言す。

これを要約すれば即ち

一、支那側は現東鉄管理局長呂栄寰を解職す。

二、右の條件の下に露國側は前正副管理局長エムシャノフ、エ

ヨー0022　B列5　28字×10　南満洲鉄道株式會社

No. 23

ノスモニトの復職を見合せ、両氏には別に東鉄内に於ける
從の地位を與ふる權利を留保す。
三、両國は一九二四年露支、露奉両協定を嚴守す。
の三項に約することが出来る。
右議定書に依つて明かなる如く第一次ニコリスク豫備交渉の
重心は、寧ろ第二項即ち假りに要約の二項に存する、乃ち十一
月二十一日付労農政府の張学良に宛てたる交渉豫備條件の主眼
たる第一項
「一九二四年露支、露奉両協定に準據し、東支鉄道を紛争前の
原状に回復することを支那側が公式に同意することと」

ヨ―0022　B列5　28字×10　南満洲鐵道株式會社

24

を念頭に於て考慮すれば、本豫備交渉の主文は當然第二項に存することが明瞭になるであらう。即ち露支、露奉兩協定なるものゝ性質並に一九二九年七月十日以前の原状回復を根本方針とする蘇聯の態度を考察すれば、脈々として躍動する統一ある蘇聯の真諦を首肯し得るのである。

それは暫く措き實際問題として本豫備交渉の中心問題として論ぜられたのは云ふまでもなく第一項即ち管理局長復任問題である、十一月廿七日付勞農代理外務人民委員長リトヴィノフ電報以來支那側はこの點に重心を措き、止むを得ずんば譲歩の外なしとまで弱音を吐いてゐたものである故、この問題は右議定

No. 25

書に於ては極めて巧妙に支那側の面子を尊重してゐる。

如何に屈辱外交とは云へ、よく旧正副管理局長復任案の撤回に成功せる点に関しては、東北政権も、一応は冥して然るべきである。

然し乍ら更に「従の地位を与ふる権利を留保す」との附帯条件は果して何と解すべきか。まさか蘇轄たるもの一介のエムとナイフ、エイスモニトの失職のために千慮するの愚は採るまい。

No. 26

六、米國の主唱になる戦争行為停止勸告。

これより先、蘇聯の猛撃進展に露支の暗雲更に険悪ならんとする際に列國はその戦況の経過に異情なる注目を傾けてゐたが果して十一月廿五日米國國務卿スチソンは「不戦條約を提唱せる関係上、露支関係悪化せば米國としてはこれを默視し得ず」と聲明すると共に不戦條約参加國中、極東地方に利害関係を有する日英佛等に対し戦争行為停止勸告の賛同を求めつつあつた。即ち十二月二日の米英佛三國の個別的警告と具体化したのである。

No. 27

米國國務長官の露支両國に対する覚書は大様左の如きものである。

米國政府及國民は七月十日以来、北満の時局につき勃発した事件に関する露支両國関係の推移に対し憂慮の念を以て観察して来た。七月十八日日本政府は、國務長官と華府駐在五大列強外交代表者との会談に際し、露支両國に対し、両國も加盟してゐる不戦條約の規定する處について注意を喚起せしめるやう處置を執った。茲に於て露支両國政府は何れも進撃を受くるに非れば戦争手段に訴へざることを正式に通告した。

右不戦條約の現在までの批准國数は、露支両國を加へ五十五

No. 28

り國に違してゐる。米國政府は、之に再び不戦條約の規定特に第二條につき注意を喚起せしと欲する。右第二條は、締盟國では相互間に總ての紛争若くは衝突は、その精神若くは原因如何を問はず、その解決に際し、平和的手段以外の方法を求めないことに同意すると規定してあるが、米國政府は、露支兩國が敵対手段を避け、目下兩國間に紛争を釀してゐる事件を平和的手段に依って解決する方法について近き將来兩國相互間に協定成立の可能性を發見せしことを熱望してゐる事を明かにする。米國政府は、露支兩國が今後世界各國間に如何に尊敬せられるかは、右の最も神聖なる條約を如何に遵奉す

No. 29

る事によつて定まるものであると思ふ。

英國政府の覚書は左の如きものである。

世界各國は將来とも露支兩國に好意を持つべきことに鑑み、

世界は必ずや兩國が其の最も神聖なる不戰條約に伴ふ約束を遂行することに多大の期待をかけてゐることを信ずるものである。英國は満洲に於ける露支紛爭よ多大の寒心と憂慮とを以て注意して来た。英國は、米國と共に露支兩國に向つて、兩國の調印せる不戰條約に対する責任につき注意を促すべく、平和的に紛爭解決に至らんことを切望して止まない。

佛國も米、英同様警告する所あつたが是に対する蘇聯の態度

ヲ－0022　B列5　28字×10　南滿洲鐵道株式會社　(15.3.3,000冊 ...)

No.

は飽くまで真向から拒否的であった。即ち米國から國務卿スチムソンに宛てたる労農政府の回答は十二月三日右の如く發表された。

今や労農政府及奉天両國政府間に直接交渉が開始された時機に際し、米國政府が労農政府に対して發したる今回の勸告書は、露奉直接交渉に対する不當なる壓迫と思考せざるを得ない。従って之を以て友誼的行動と思ふを得ない。

露支紛争は既に奉天政府の承諾せる豫備條件の基礎に基く露奉直接交渉以外解決の道なく、労農政府は以上の交渉乃至紛争に関し、何等の干渉をも許容せざるものなるを此に聲明す。

No. 30

労農政府は、自分勝手に労農政府との正式國交を開かざる米國政府が、今回の紛争に関し忠言勧告を申来づるを以て適当と思考せる事実に対しては、実に驚異の情を禁じ得ざるものである。

と一蹴している。

尚ほ日本及獨逸は米國の勧告勧誘を受けたるも、既に露支間に於て直接交渉開始についての豫備交渉が開かれんとする情勢に立ち至れる際、不戦條約に基く和平勧告は既にその時機に非ず。折角両國妥協の下に交渉への歩を進めしとする時に当って第三國の忠言は却て成功を阻害する懼れが

南満洲鐵道株式會社

No. 31

ある。

との見解の下に断然勧告参加を拒絶したのである。

斯くの如く米二國の忠言及それに関し外交界に於ける足並の不調のため主唱者たる米國の抱ける不満果に依り、露支交渉の前途に一沫の不安を見たが、蘇聯の断乎たる拒絶的強硬態度は遂に支那側をして十二月二日夜北陵別邸に於ける元老派の和平解決一致の議決をなさしめるに至り露支交渉は進捗を見るに至つた。

No. 32

七、第二次ハバロフスク隊帯交渉

かくて張学良は十二月六日南京外交部に打電して十二月三日のニコリスク議定書を「無留保にて承諾」、蔡運升、李紹庚両氏を同八日ハバロフスクに向はしめ、ロシヤ全権シマノフスキーと会見、國境軍隊の撤退、両國監禁者の釈放、正式会議の期日及地点等に関し協議決定、更に正式に議定書調印をして公文の交換をなさしめんとするにある。

、而して七日張学良は國民政府に打電して露支交渉一段落の旨を陳へ奉露軍獨交渉に関して了解を求むる所があつた。

打電内容大様左の如きものである。

No. 33

一、四し、ヤは現局長を更迭し新に任命する。

一、東支鉄道の紛争は会議を開き協議決定する。

一、双方の損害は共同調査会にて調査解決する。

一、露支両国軍は国境より三十支里撤退する。

右電報に依り蒋介石は王正廷始め各院長を招集し大評定の結果支那本部時局は蒋氏に甚しく不利に転回し五日付各地巨頭一致の下に蒋氏に下野を迫る等の多難なる時局の折柄、この際若干を忍び露支交渉解決に意見一致し、その旨張学良に打電し、来るべき露支正式会議に於ける支那政府代表として東北政権の認めたる蔡運升がその儘追認する旨通知するに至つた。

No. 34

この國民政府の蔡代表追認の事実は、従来奉露單獨交渉に屢々横槍を入れつゝあつた王正廷強硬外交の失敗を物語るものであり、更には、形式上は兎も角、実質的には従来の東北モンロー主義を一層鮮明に力着けるの結果を招来することになつた。

ボニ次ハバロフスク豫備交渉は、十二月十四日に始まり十六日その大体を議了し、二十二日には両國代表の調印を了するに至つたのであるが、蔡運升はハバロフスクに着するや、十二月三日ニコリスク豫備交渉議定書に基き東支鐵道理事長呂榮寰は既に罷免し、鄭福緜をこれが臨時代理に任命せる旨の公文書をシマノフスキーに手交した。即ち之に依つて支那側は十二月三日ニ

No. 35

コリスクに於て双方の間に調印を見たる議定書第一項を実行せることを明白となれるを以て、労農側は直ちにエムシヤーノフ、エイスモント両氏の代りにルーデイ及デニソフを新に夫々正副管理局長として推薦することを承諾した。

十二月二十二日労農外務人民委員会代表シマーノフスキー及び中華民國代表ハルピン交渉員蔡運升との間に調印された議定書の内容は左の如きものである。

No. 36

八、ハバロフスク新議定書の意義

さきに十一月廿七日付、リトヴィノフの張学良に與へたる回答電報第一項及び十二月三日付、ニコリスク・ウスリスク議定書第二項はと、一貫せる蘇聯の東鉄原状回復の真意を明確に表明せるものなることを指摘しておいたが、果して然らば七月十日以前の原状回復の真意義とは如何なるものなるか。

この点に関しては歴史を遡り当時及当時以前の蘇聯、実勢力或は実際的活動を今明にするの必要があるが、之については之を述べるの餘裕を持たない。只吾人は今回の両國紛争の根本原因が、一には路奉協定の根幹をなせる同協定第一條第一項及び同第六

ヨー0022　B列5　20字×10　南滿洲鐵道株式會社

No. 37

項に因することを指摘して、同條同項の意義及び性質を明らかにしたいと考へる。

締約政府は東支鉄道を純然たる商業機関たることを聲明す。

両締約政府は彼此該鉄道の直轄する営業事務を除く外、凡有る中華民國の國家及地方政府の権制に関する各項の事務即ち司法、民政、軍務、警務、市政、税務、及土地（鉄道自身の必要地を除く）等の如きは一切支那官憲に於て之を辨理、處理す。

右協定は、旧ロシヤ帝政時代に國家機関として極東政策遂行上極めて重大なる役割を演じ来れる東支鉄道会社の権限を縮少或は制約して、単なる純営利会社として一つの経済機関たらしめた

ヨー0022　B列5　25字×10　南満洲鐵道株式會社　（17.5.5,000冊　… ）

No. 38

のであり、更に自餘の政治、軍事、行政上一切の權利は之を支那側に於て回收せしむる事を規定せるものである。

該協定第一條第六項

本鉄道に理事会を設け議決機関となす。

理事十名を置き中國側及ソヴエート政府側より各五名を任命す。（中略）理事会の法定人員は七名を以て最少限度と為し、一切の議決は六名以上の同意を得て初めて執行の效力あるものとす。

右は、理事会を設けてこれを議決機関となし、理事会の構成及びその議決の方法を規定したものである。

No. 39

え来旧帝政時代、現蘇聯の如何を問はず海洋に恵まれざるロシヤ國情は一貫不断のなやみである。而して此のなやみの下に如何なる時代を論せず、従ってロシヤには絶えざる傳統的國是がある。ピーター大帝以来の南下政策は餘りに史上に有名であるが、翻って現蘇聯の中亜の赤化、而して更に支那[illegible]の赤化に波及したりし所以のものは、成否の如何は兎まれ、之は畢竟、新装にもれる旧酒の類、ウオツカーは依然として強烈である。かくして旧帝政時代に把持せる唯一の商港浦鹽がロシヤ國情に如何なる意義を有するか、而して史上國勢の陵夷は兎も角、ロシヤが現在、確実に実権を把握すべき東支鉄道は、云ふまで

コ－0022　B列5　28字×10　南満洲鐵道株式會社

No. 40

もなく、洮塩の培養線たるの事実は如何。

吾人は敢へて東支鉄道の回収がもたらす三千万乃至三千五百万ルーブルの純益金か、疲弊せる蘇聯国状或はその主義政策の世界的遂行に如何なる意味を持つかは論ぜない。更には又東支鉄道の完全なる把握が北満一帯及び烏蘇里線一帯の産業並に資源開発の原動力たるの事実は敢へて向ふ事を要しない。只吾人は洮塩、従つて東支鉄道の、大洋進出極東政策の根盤をなすの明確なる実證を諮記したい。

この明瞭なる事実を以て考察すれば、カラハンの第一回及第二回対支宣言は、要するに支那国民の関心を求めんとする術策

No. ×41

であり、従ってそれに関するコップエの嘯風的態度はむしろ蘇聯本来の肚中を披瀝せるものである。

斯く観じ来れば、旧帝政時代の國家機関たりし東鉄を單なる一営利機関に制約せることと自体に大なる撞着の存することは極めて明白なることである。勿論斯くの如き東鉄権限制約規定の裏には明白に、露支勢力の消長、並に蘇聯の巧妙なる対支策の潜めることは云ふまでもないが、支那側がこの制限規定を楯にとって蘇聯は営利的企業たる東鉄を対支赤化宣傳機関たらしめたること證據歴然たりしと大竜に叫ぶが如きは餘りにも不明の至りではある。

ヨ―0022　B列5　28字×10　南滿洲鐵道株式會社　（17．6　5．600冊　華月刷）

No. 42

更に吾人は奉露協定中一條中六項を検討して意識的か、無意識的か東鉄経営の実際的運用を全然無効ならしめた蘇聯の怪腕を見る。該項は表面上、極めて対等に露支両國間、東鉄の経済的経営に参與し得るが如くであるが、五名づつよりなれる、露支相互同数の理事、並に一切の議決は六人以上の同意を要する点よりして、理事会なるものは、重要事項の議決は何等なす能はざる機構より成れるものである。即ち議決機関としての理事会の実際的活動は到底不可能なることを規定せるものであり、事実、重要事項に至っては何等の評決もなし得なかったのである。

No. 43

従って同協定第一條第八項には明文に

（前略）局長・副局長の職權は理事会に於て之を規定す。

とあるにも関らず、理事会は何等の職權規定をもなす能はず、従って管理局長の専断的跳梁に委ぜられる餘地があり又事実專ぜられ来ったのである。

如上觀ずる所に依り、露支紛争の根本原因は、露支協定の根幹たる第一條第一項及び同條第六項に含む巧妙なる機構に胚胎するものなることは明文である。

以上吾人は「七月十日以前の原状回復の真意義」を求めくとして奉露協定に潜める根本的缺陥を指摘した。

No. 44

顧つて今般の一電文二議定に表はれたる露支豫備交渉を見るに、一貫して、一九二四年露支、露奉両協定の全般的、且つ部分的格守を宣誓し、而して最も缺陷ある露奉協定第一條第六項に基く「共同行動」を誓約してゐる。

ヨ―0023　B列5　28字×30　南満洲鐵道株式會社　(17. 8. 5,00冊　[illegible])

No. 45

参照

十一月二十七日付リトヴィノフの電報

第一項　一九二四年露支、露奉両協定に準拠し、東支鉄道を紛争前の原状に回復することを支那側が公式に同意すること。

十二月三日ニコリスク豫備交渉議定書

第二項　交渉員蔡運升は奉天政府を代表し、奉天政府は凡ゆる手段に依り露支間の紛争を解決し、且つ将来の紛議に対する一九二四年露支、露奉両協定を全般的に且つ各部分に亘って厳守すべきを宣言す。（略）

十二月二十二日新議定書

No. 46

第一項　労農聯邦政府は、露支両国は、奉天及北京両協定に基き、且つ紛争前の原状回復に関する十一月二十七日付労農代理外務人民委員長リトヴィノフ氏の電報、及十二月三日調印のニコリスクウスリスク議定書に全然異議なきものと諒解する（中略）依つて右記各項を直ちに実行すべし。

（1）旧両協定に基き東支鉄道の理事会の活動を回復しその労農理事を復任せしむ。今後は理事会支那人理事長及労農人副理事長は露奉協定第一條第六項に基き共同に依つてのみ行動し得べきものとす。

斯くして、露支紛争の根本原因たる露支、露奉両協定を、そ

No. 47

つくりその儘踏襲することを議決して豫備交渉は幕を閉ぢた。

これをしも平和解決と云ふなら、木に縁りて獲魚する以上に更に不可能なるは自明の理である。

斯くして得たる吾人の結論は這般の露支豫備交渉は、平和解決のための何物でもなく、却て露支紛争を永遠に遅延さす滑劑の新たなる注入にしか過ぎなかつたことを知るのみである。

露支新議定書は両國間の各種未決問題を議すべき露支交渉は一九三〇年一月廿五日よりモスコーに於て開催さる旨を定め、更に東鉄露支共同経営中に起れる凡ての未決問題は来るべき露支会議に於て解決さるべき筈である。

ヨー0022 B列5 25字×17 南満洲鐵道株式會社

No. 48

尚ほ露支新議定書には更に領事館復活問題（第五項）、東三省内に於ける労農商業機関の復活（第六項）等、注目すべき要項を含む。

（一九三〇年二月誌）

ヨ—0022　B列5　28字×10　南滿洲鐵道株式會社　(17.5.5,600冊)

12

昭和十年十二月二日

日本人ニ対スル国税処理要綱

铁路编
一

昭和十九年十一月

満洲交通史編纂資料目録

交通史使用資料目錄(一)

目次

一 洮昂鐵道關係 交通史稿第四卷 第十四章 第一節 一頁
二 朝鮮鐵道委託經營關係 〃 第十章 第四節 二頁
三 ノックスノ中立案及錦璦鐵道關係 第十章第三節 四頁
四 ハリマンニ關スルモノ 〃 第六章 五頁
五 華府會議關係 〃 第十二章 五頁
六 天圖鐵道關係 〃 第十章七節 五頁
七 四鄭鐵道關係 〃 第十章第二節 九頁
八 齊克鐵道關係 〃 第十五章 九頁
九 吉會鐵道關係 〃 第十五章 十二頁
一〇 吉長鐵道關係 〃 第八章 十二頁
一一 吉敦鐵道關係 〃 第十四章 十五頁
一二 安奉線關係 〃 第廿章 十六頁

社報原稿用紙

No.

13 満蒙四鉄道問題ノ経緯関係資料　第十章第六節　十八頁

14 〃　〃五　〃　第九章第二節　十八頁

15 打通線関係資料　第十五章第三節　二十頁

16 吉海鉄路関係資料　第十五章第二節　二十頁

17 開豊軽便鉄路関係資料　第十四章第六節　二十三頁

18 新満蒙五鉄道問題ト満蒙関係資料　鉄道之建設計劃　第十六章第十節　二十三頁、

19 孫文ノ鉄道十万哩計画ト満蒙関係資料　第九章第一節　二十六頁

20 東北交通委員会関係資料　第十五章第八節　二十六頁

21 北鉄東支鉄道関係資料　第十三章及、第十九章、第十八章　二十九頁

22 京奉鉄路関係資料　第一章　三十八頁

南滿洲鐵道株式會社

満―0023　B列5　22字×10―220字詰　(17, 3, 2,400冊　湖内舘)

社報原稿用紙

No.

23 露西亜ノ極東政策及シベリヤ鉄道関係資料 第二章第一節 四十二頁

24 二十一箇條問題ト旅大回収関係資料 十五章五節 四十六頁

25 露国ノ鉄道権益劃策其他関係資料 第五章第三節 四十六頁

26 奉山線関係資料 五二頁

27 金福鉄道関係資料 第十六章第二節 五三頁

28 満鉄ノ引継後ノ諸支線敷設関係資料 第十六節 五五頁

29 遼渡鉄道建設ノ引継ト管理関係資料 第五章第一節 五六頁

30 遼渡鉄道建軌改築関係資料 第五章第六節第四項(三)

31 瀋海鉄道ト連絡関係資料 第五章第六節第四項

32 日露外交交渉決裂関係資料 第五章第一節第二項

南満洲鉄道株式会社

■—0023 B列5 22字×10—220字詰 (17, 8, 2,400冊 湖内納)

洮昂鐵道關係資料

1

○滿洲鐵道建設誌
○滿洲交通關係重要年譜　調査部
○滿鐵條約集　昭和三年
○植民地鐵道ノ世界經濟的及世界政策的研究　永雄策郎
○洮南齊齊哈爾間鐵道豫定線路踏査書　大正八年調
○會社文書（總體部庶務門鐵道類滿蒙諸鐵道）五三ノ四
○鐵道總局文書（洮昂雜）五〇
○洮昂線請負契約交渉紀要（法制班資料）
○洮昂工事費交渉往復文書（〃　〃）
○洮南齊齊哈爾間鐵道豫定線路踏査書
○東支鐵道ト洮昂鐵道トノ關係　K23－13
○滿洲交通事情概況　産業部　K1－38
○滿蒙鐵道ノ社會及經濟ニ及ボセル影響　K23－119
○滿蒙鐵道概論（資料第一五三編）
○四平、洮南、開魯間鐵道調査書　大正三　K23－146
○齊昂呼海鐵道ニ關スル資料　K23－167
○洮南齊齊哈爾間鐵道ノ價値　K23－4

朝鮮鐵道及經營委託關係資料

○近世中華民國民　風間章
○支那史　大橋哲哉譯
○列强對滿工作史上下　ヴエ・アヴアリン
○支那歷史讀本　佐野袈裟美
○東洋講座第九卷　松井等
○伊藤公ト韓國　原田豊次郎
○國際關係史上ノ朝鮮鐵道利權　田保橋潔
○近代日支關係ノ研究
○近世支那外交史　矢野仁一
○支那鐵道外交史編稿　馬場鍬太郎
○歷史年表第二十四卷　世界歷史大系
○東洋近世史第二卷
○伊藤博文傳　下卷　春畝公追頌會編
○支那共和史　平川清風
○魂ノ外交　本多熊太郎
○安奉鐵道ニ關スル日支交渉經過概論　田中盛枝

○滿鐵關係條約集　滿鐵
○支那及滿洲關係條約及公文集　外交時報社
○英米佛露ノ各國及支那國間ノ條約　外務省條約局
○朝鮮鐵道史　朝鮮鐵道局
○朝鮮鐵道史第一卷創始時代　〃
○朝鮮鐵道四十年略史　〃
○安奉線紀要　滿鐵
○滿洲鐵道建設秘話　〃
○滿洲鐵道建設誌　〃
○渓城鐵路公司事情　滿鐵經濟調査會
○訂正日露戰史　第四卷
○明治三十七、八年日露戰史　第十卷　參謀本部
○部報　野戰鐵道提理部
○北京會議議事錄　法制班資料
○Overlach,F,W," Foregin financial control in China"
○Willfoughey, W.W. "foregin Rights and interests is China."

3

○ Kent, P.H. "Railway Enterprise in China."

ノックスノ中立案ト錦璦鐵道關係資料

○ C. Water Yaung: Japan special Position in Manchuria
U. S. Foreign Relation. (1910)

○ Herbert Croly: Willaro straight.
Thomas Millaro: Oun Esstern Questions
Thomas Millaro "America and the For Easter Questions.

1

5

ハリマンニ關スル資料

○ Geaife Kennan E. H. Hariman (Vol & 2)

○ Hubert croly. .Wiuaid Straogjt.

○ J. O. P. Blaud Resent Events. present policies

○露西亞帝國侵略史　ロマノフ

○日本モンロー主義ト滿洲　金子健太郎

○外交側面史　信夫淳平

○伊藤博文傳（下卷）　編纂會

○後藤新平　〃

華府會議參考資料

○ " Confernce on the Limetation of Aruamest "
(Washington, Nov, 12. 1921-Feb, 6, 1922)

○ " China, the power and the Washington Conference."
(by Albert E. Kane, L,B, Ph. D)

○ " International Rivalries in Manchuria" (by Paul H. clyde.)

○華府會議大觀　東方通信社調査部編

天圖鐵道關係資料

○滿蒙鐵道關係重要事項年表解說　K23 68（昭四一一）滿鐵

6

○天圖鐵道第一卷、第二卷、第三卷　(在滿日本大使館保管文書)

○滿蒙ノ鐵道問題ニ就テ　K 118 82　竹内虎治

○吉會鐵道完成ニ關スル協議會　穗積哲三氏保管文書

○吉會鐵道ノ完成ニ關スル件

○滿蒙鐵道(文書一〇八)　昭和三年文書課保管

○滿洲交通關係重要事項年譜　昭和十五年調査部

○天圖鐵道調書(附太興公司ノ狀況、老頭溝炭坑)　大正十年支那間島派吉連絡班

○間島史(上)　康德弖ニ間島省公署總務廳文書係

○文書(滿蒙鐵道關係綴第三冊)九三　大正十五年二月　鐵道總局文書課

○天圖圖們兩鐵道ト圖們江鐵道橋　Br K23 88　大正十五年飯田藏

○吉林會寧間廣軌鐵道豫定調査書　Br K23 51　大正七年五月

○吉會鐵道ト其ノ終端港ノ經營ニ就テ　Br K23 83　昭和三年

○天圖輕便鐵道　大正十四年調査課交通係

7

○天圖輕便鐵路公司概要　大正十四年吉林公所

○天圖鐵道延長問題ト吉會鐵道及滿鐵ノ利害關係　大正十四年竹内虎治

○文書56 1 2 3 4四冊　總體部、庶務門、鐵道類、雜件　自大正六年至昭和四年

○文書66　總體部、文書門、對外交涉類、鐵道　自明治三十一年至大正八年

○文書一〇二一吉敦延長線及天圖線一　滿鐵總局文書科大正二年

○敦圖線、天圖線建設紀要　滿鐵鐵道建設局昭和十年

○滿蒙全書　第卷、第五卷

○朝鮮鐵道四十年略史　朝鮮鐵道局昭和十五年

○西原借款ニ依ル敦化鐵城間ノ鐵道敷設權、松本俠K 230 229

○吉會鐵道ニ關スル覺書　K 230 58

○滿鮮國境横斷鐵道ト終端港　K 23 50

○改定中日官商合辦天圖輕便鐵路公司合同　Br K23 120

○朝鮮統治論　M 2 3

○大日本戰史　N 01 51 5

8

○日本交渉史論
○朝鮮政治史
○間島問題ノ回顧

法制班資料

篠田治策

四鄭鐵道關係資料

○鐵道開拓論　伊澤道雄

○四洮鐵道追憶記　由利元吉

○極東外交史上下　偕行社

○四鄭鐵道 66/5　文書課保管

○四洮鐵道借款契約ニ關スル件　法制班保管

○滿洲鐵道建設誌　滿鐵

○滿鐵關係條約集　昭和三年

○滿鐵關係條約集別册第二編第五册

○錦愛鐵道ニ關スル考察 56/1　大正十年文書課保管

○滿蒙全書第五卷

○對滿蒙借款表　K23 昭和五年

○建設要覽　K 23 14 昭和十年

○交通部直轄四鄭鐵路工程紀略　K 23 105 民國七年

齊克鐵道關係資料

總文書課移管文書

○齊克鐵路ー材料供給ー　六 昭和四・五年度分

○雜ノ雜　九 昭和四年三月ー同六年三月

10

○四洮運轉運輸 三九
○洮昂延長工事 四四
○洮南機械工場 四五
○洮南新聞 四七
○洮昂線及齊克線修繕敷設レール貸與ノ件 四九
○洮昂雜 五〇
○連運關係(三) 五五 昭和四年
○連運關係(四) 五六 昭和五年
○齊克極便借款ニ關スル件及關係文書 八九
○新線關係 一〇一

資料室保管資料

○東北鐵路大觀 K 2326
○東北鐵路問題 K 2348
○中東鐵路問題 K 2353
○齊克・濱黑鐵道ニ關スル資料 ハ 2366
○最近年ニ於ケル滿蒙鐵道問題 BR K 23691
○東支鐵道ト洮昂鐵道トノ關係 BR ハ 2313
○東支鐵道關係重要事項 BR K 2370

11

○齊克鐵路ト其ノ背後地
大連圖書館所藏資料
齊克鐵道及治線事上下

○黑龍江省誌

吉會鐵道關係資料

○三銀行對支借款顛末書上中下　日本興業銀行

○西原借款ヲ論ズ　岡部三郎

總裁室文書課記錄保管文書

○總務部、庶務門、鐵道類、滿蒙諸鐵道目、甲種五三ノ二

○總務部、庶務門、鐵道類、滿蒙諸鐵道目、甲種五三ノ三

○總務部、庶務門、交涉類、吉長鐵道目、甲種五一ノ一五

資料室資料

○吉會鐵道關係地方調査報告書　T 13 22

○吉長鐵道　k 23 7

○吉會鐵道ト其ノ終端港ノ經營ニ就テ　BR k 23 83

○吉長、吉敦、天圖鐵道ニ關スル資料　k 23 169

○日本ノ吉會線敷設ニ反對ノ爲全中國民衆ニ告グ　N 3 14

○日本侵略吉長、吉敦鐵路痛史　k 23 34

12

吉長鐵道關係資料

總裁室文書課記錄保管文書

○庶務部、庶務門、鐵道類、吉長目、甲種五一ー六マデ

○庶務部、庶務門、交涉類、吉長目、甲種五一ー一五マデ

○總務部、庶務門、鐵道類、吉長目、甲種五一ー一六

13

○総務部文書門對外交渉類鐵道目、甲種六六－九マデ

○鐵道部貨物門渉外類當社經由四洮吉長連絡目、甲種七二

總局文書課移管文書

○吉長庶務關係　一三

○吉長經理關係　一四

○吉長運轉運輸關係　一五

○吉長借款關係　一六

○吉長軌條代金關係　一七

○吉長利益金擔保借款關係　一八

○・　一九

○吉長吉敦合併問題關係　二〇

○吉長十四、十五年度豫決算　二一

○吉長人事　二二

○・　二三

○吉長局長　二四

○吉海、吉長接續問題　六六

○吉海、吉長接續問題關係　六七

○・　六八

14

○吉海、吉長、四洮、打通接續問題 六九
○交渉關係 七三
○鐵道交渉關係 七七
○〃 七八
○〃 七九
○〃 八〇
○吉長、吉敦鐵路短期借款關係 八五
經理部會計課借用文書
○貸金完済調書(一)
○〃 (二)
○吉長鐵道借款資金並天圖鐵道及老頭溝炭礦資金ニ關スル件
總務部文書科保管
○吉長鐵路寛城子支線敷設ノ件 久保田
○最近ニ於ケル滿蒙鐵道問題一、二 鐵道部渉外課（昭四・一二・一五）

15

吉敦鐵道關係資料

○西原借款ニ依ル敦化、鐘城間ノ鐵道敷設權、松本俠

資料室資料

○吉長、吉敦、天圖鐵道ニ關スル資料　K23 169

○日本侵略吉長、吉敦鐵路痛史　K23 34

文書課總局移管文書

○吉長、吉敦合併問題　二〇

○吉敦人事　二五

○吉敦枕木運賃　二七

○吉敦工事費清算書　二八

○吉敦經理　二九

○吉敦工事(一)　三〇

○〃　(二)　三一

○聯運關係(一)　五二

○〃　(二)　五三

○海吉、吉敦接續ノ件　六八

○鐵道交涉關係書類(一)　七七

○〃　(二)　七八

○鐵道交渉關係書類(三)　七九

○〃(四)　八〇

○吉長吉敦短期借款關係　八五

○滿蒙鐵道關係綫　九三

○吉林省計畫線　九五

○吉敦延長天圖　一〇二

文書課記錄係保管

○總・庶・交・吉長　五一－一三　自大正十二年　至大正十五年

○〃　五一－一五　昭和二年　昭和四年

16

安奉線關係資料

○安奉鐵道ニ關スル日支交渉經過概覽K 230　田中盛枝

○安東吉林間鐵道線路踏査報告書K 230 120　波田耕一郎

○普蘭店安東間鐵道線路調査報告K 231 5　〃

滿蒙四鐵道問題ノ經緯關係資料　二十五頁
〃五〃　二十六頁
打通線關係資料　二十八頁
吉海鐵路關係資料　三十頁
開豐輕便鐵路關係資料　三十二頁
新滿蒙五鐵道問題ト滿蒙鐵道交涉打開關係資料　三十四頁
孫文ノ鐵道十萬哩計畫ト滿蒙關係資料　三十六頁
東北交通委員會關係資料　三十六頁
北鐵東支鐵道關係資料　四十一頁

18

満蒙四鐵道問題ノ經緯關係資料

○三銀行對支借款顛末書　日本興業銀行編
○西原借款ヲ論ズ　岡部三郎
○満蒙鐵道(一)(二)　總局文書課保管
○支那（昭和三年六月號）　東亞同文會編
○西原借款利用問題ニ就テ　經濟調査會、第五部編
○満蒙諸鐵道問題經過概要　法制班保管
○西原借款ニ依ル敦化鐘城間ノ鐵道敷設權
○満蒙借款鐵道ニ就テ　松本俠
○満蒙ノ鐵道問題ニ就テ　藤根壽吉
○對支四國借款團ト日満借款關係　大連商業會議所
○満鐵ヲ中心トスル外交　經濟調査會、第五部編
○満鐵ヲ語ル　東亞經濟調査局
○満洲近代變遷史論　松岡洋右
　　　　　　　　　　　梁村奇智城

満蒙五鐵道問題ノ經緯關係資料

○最近極東外交史　上下　偕行社

19

○新天地 大正十五年下　新天地社
　　　　 昭和五年上
　　　　 〃　六年下
○開拓鐵道論 下　伊澤道雄
○滿蒙ノ鐵道問題ニ就テ　大連商業會議所
○滿鐵ヲ中心トスル外交　東亞經濟調査局
○滿鐵ヲ語ル　松岡洋右
○四洮鐵道追憶記　由利元吉
○米國東亞侵略史　黒木勇吉
○滿蒙鐵道概論　鐵道省
○大正外交十五年史　信夫淳平
○支那ニ於ケル列強ノ利權運動　臺灣總督官房調査課
○滿洲最近世史ニ於ケル國際關係ノ推移　出石誠彦
○滿蒙鐵道ノ社會及經濟ニ及ボセル影響　調査課
○支那近代百年史 下　佐野袈裟美
○滿蒙諸鐵道　總局文書課保管文書
○滿蒙鐵道(一)、(二)　〃

打通線關係資料

○打通線抗議關係　總局文書課保管文書
○.打通線　右ニ同ジ
○蒙古方面鐵道計書　右ニ同ジ
○通遼ニ於ケル四洮、北寧連絡設備ニ關スル件　右ニ同ジ
○海吉、吉長四洮、打通接續問題　右ニ同ジ
○打通線布設ニ對スル抗議ノ件　法制班保管文書
○滿蒙、吉會、賓黑、錦愛、滿洲鐵道問題經過概要　右ニ同ジ
○最近東北鐵道情勢　鐵道部聯運課
○涉外資料（第九輯）　鐵道部涉外課
○〃（第五輯）　右ニ同ジ
○〃（第三輯）　右ニ同ジ
○滿蒙鐵道概觀　鐵道省運輸課
○社外鐵道ノ滿鐵ニ及ス影響打通線編（北寧支線）　調査課

21

○滿蒙鐵道ノ社會及經濟ニ及セル影響　調査課
○開拓鐵道論　伊澤道雄
○滿蒙ノ鐵道問題ニ就テ　大連商業會議所
○臨海鐵道ト諸問題　滿鐵調査課
○打通線調査報告書　滿鐵調査課
○虎濠鐵道現況　滿鐵資料課
○打通線ノ將來ト滿鐵ノ影響　滿鐵經濟調査委員會
○滿洲鐵道建設誌　滿鐵
○打通線ノ一瞥（河北事情）　營口驛貨物取扱所
○打通鐵道現況　滿鐵調査課
○滿蒙、鐵道網　大島與吉

吉海鐵路關係資料

○吉海鐵路情報　第一號　鐵、建、計畫課藏書
○〃　第二號　〃
○〃　第三號　〃
○〃　第四號　〃
○〃　第五號　〃
○〃　第六號　〃

22

○海吉、吉長接續ノ件（第一號）	總局文書課保管
○〃（第二號）	〃
○〃（第三號）	〃
○海吉、吉長、四洮、打通接續問題	〃
○吉林ニ於ケル吉長吉海兩路接續問題經緯	滿鐵建、計畫課藏書
○海吉抗議及材料輸送	總局文書課保管
○吉海鐵路局概況	吉林鐵路局資料課保管
○吉海鐵道沿線事情	〃
○社外鐵道ノ滿鐵ニ及ス影響	滿鐵調查課
○開拓鐵道論下	伊澤道雄
○滿蒙鐵道概論	鐵道省

23

開豐輕便鐵路關係資料

○奉海線(一)	、總局文書課保管文書	
○奉海線關係(二)	〃	
○對外交渉鐵道開海鐵道	〃 總裁室文書課保管文書	
○開拓輕便鐵路關係	總局文書課保管	一一八
○開拓輕便鐵道	〃	一一七
○開海鐵道	〃	一一六
○開豐汽車情報	鐵、建、計畫課保管	
○開豐決算書	〃	
○開拓鐵道改築計畫ニ就テ	鐵道部渉外課	
○開豐汽車公司貸附金	〃 第三系	
○開豐長途鐵軌有限公司、(和登商行)貸附金調査	穗積哲三所藏	
○豐豐鐵道	〃	
○開豐鐵道ノ改善經營ト會社ノ對策ニ就テ	開原地方事務所	
○開海鐵道ニ就テ	〃	
○開豐汽車公司規則、譯文	開原驛編	

新滿蒙五鐵道問題ト滿蒙鐵道交渉打開關係資料

○滿洲國鐵道網ニ就テ	穗積哲三藏書

24

○鐵道問題交涉經過（自昭和二年十月八日 至昭和　　）　穂積哲三藏書
○鐵道問題交涉經過（自昭和六年一月二十一日 至昭和六年三月十一日）　〃
○長大鐵道建造請負契約　〃
○長大鐵路承造合同　〃
○洮索鐵道建造請負契約　〃
○洮索鐵路承造合同　〃
○支那側鐵道政策　總局文書課保管文書
○鐵道問題交涉經緯　外事課第一係保管
○鐵道ニ關スル權益侵害　〃
○滿洲事變前ニ於ケル權益侵害事例　大連商業會議所
○滿蒙ノ鐵道問題ニ就テ　〃
○滿洲鐵道ニ關スル契約　滿鐵大連圖書館保管
○滿洲ノ鐵道ヲ繞ル日米露支　長野朗
○滿蒙ノ諸問題　朝日新聞社
○最近極東外交史　悟行社
○最近東北鐵道情勢　鐵道部聯運課

25

〇開拓鐵道論上下

伊澤道雄

〇滿蒙鐵道ノ社會ニ及ボセル影響

滿鐵調查課

孫文ノ鐵道十萬哩計畫ト滿蒙關係資料

○孫文全集（建國方略）　第一公論社版

○支那ノ豫定鐵道ノ概要（孫文實業計畫）　滿鐵北支事務局

○全支那ノ既設鐵道及建設計畫鐵道（蔣介石五箇年計畫）　〃

○支那ノ産業建設　米田祐太郎記

○滿蒙鐵道ノ社會及經濟ニ及ボセル影響　滿鐵調査部

○支那鐵道概論　小島憲一

○孫文ノ滿蒙鐵道九十里　鐵道之研究（昭和十年）

東北交通委員會關係資料

○開拓鐵道論下　伊澤道雄

○最近東北鐵道狀勢（附滿鐵ノ運輸政策）　鐵道部連運課

○滿蒙ノ諸問題　朝日新聞社

○滿洲ノ鐵道ヲ繞ル日米露支　長野朗

○滿蒙問題ト其ノ眞相　滿洲青年聯盟編

○滿蒙鐵道ノ社會及經濟ニ及ボセル影響　滿鐵調査課

○滿蒙全書　〃

○滿蒙交通機關發達史　長谷川良之助

27

○滿洲鐵道建設誌	滿鐵
○新天地（昭和六年自一月至六月）	新天地
○滿蒙權益要錄	布勢信平
○滿蒙特種權益論	信夫淳平
○鐵軌カラ見タ滿蒙	西坂實福
○滿蒙鐵道網	太平洋國際學會
○滿洲問題ノ實相	長野朗
○滿蒙ノ鐵道網	大島與吉
○植民地鐵道ノ世界經濟的及世界政策的研究	永雄策郎
○滿蒙鐵道概觀	鐵道省
○滿鐵包圍線支那側鐵路政策ニ關スル考察	國際運輸株式會社
○未解決ノ現代滿洲	棟尾松治
○滿蒙ニ於ケル日本ノ特殊權益	滿蒙研究會
○奉海鐵道ト葫蘆島築港問題	滿鐵調査課
○葫蘆島築港ニ關スル調査	井上三枝雄
○ケメラー委員會鐵道財政報告	東亞經濟調査局
○支那外債史論	田村幸作

28

○支那ノ對外交通經濟借款	滿鐵調査課
○我滿蒙投資ノ業績ヲ	北岡芳邑
○東北交通委員會ト滿蒙鐵道問題	奉公資情第六七二號
○支那側鐵道政策	總局・文書課保管文書
○東北交通委員會ノ沿革・組織業績概説	東北年鑑（民國二十年度）
○東三省交通委員會ニ關スル件	奉天鐵道事務所
○東三省交通部ノ組織	〃
○東三省交通委員會ノ内容	關東廳警務局
○東北交通委員會鐵道網計畫會議記録	奉、總庶、資第八號
○東北鐵路網計畫書附屬文書	奉、總庶、資第二五號
○東北鐵路網計畫原案（譯文）	奉・事・聯第三號
○東北交通委員會ヲ中心トスル外國商活動ノ状況	滿鐵資料課
○東北四鐵對滿鐵借款概略	舊東北交通委員會保管文書
○借款整理ニ關スル文書A	〃
○借款整理ニ關スル文書B	〃

29

北鐵、東支鐵道關係資料

○一九三〇年度ニ於ケル東支鐵道運轉上ノ主ナル改正、哈爾濱事務所Br 23 2

○北滿洲ト東支鐵道上（露文飜譯資料第二號）大正十二年K 23 4

○〃（〃）〃

○一九二三年東支鐵道建築豫算書ニ關スル件、哈爾濱事務所Br K 23 4

○時局ト東清鐵道（大正七、一〇調）調査課K 23 6

○東支鐵道及同沿線地方ニ於ケル鐵道竝自動車輸送大正十四年、哈爾濱事務所Br K 23 8

○東支鐵道ノ車輛（上、下）調査課大正十二、十二K 23 8

○東支鐵道（一九三六年露支紛爭ニ就テ）哈爾濱事務所Br K 23 10

○東支鐵道貨物輸送規定、鐵道部大正十三年K 23 11

○東支鐵道ガ特殊運賃政策ヲ採リタルコトガ北滿産業開發上其ノ他如何ナル結果ヲ生ジタカ、調査課昭和四Br K 23 12

○東支鐵道ノ輸送竝營業成績、調査課昭和三Br 23 13

○東支鐵道ノ滿洲經濟界ニ及セル影響ト創業二五年間ニ於ケル運賃政策變遷、調査課昭四年Br K 23 14

30

○東鐵利金回收問題、哈爾濱事務所昭二年Br K 23 16

○現地ニ於ケル北鐵接收事情、鐵道總局Br K 23 17

○北滿鐵道買收問題(一)(二)、資料課Br K 23 19

○東支鐵道商業部及經濟調査局ノ事業ト事業一班、調査課昭二年Br K 23 19

○東支鐵道組織及重要幹部一覽表、哈爾濱事務所Br K 23 20

○東支鐵道ト接讓地帶、哈爾濱事務所大正十三Br K 23 21

○中東鐵道管理局組織大綱、資料課昭和八年Br K 23 25

○中東鐵路組織及重要幹部一覽表(一九三六年十二月現在)、哈爾濱事務所昭和八年Br K 23 26

○東支鐵道ニ五年小史、聯運課昭和六年Br K 23 28

○東支鐵道土地回收運動ニ對スル考證、調査課大正十二Br K 23 29

○東支鐵道土地回收問題(東支鐵問題時報第七號)、調査課昭四K 23 29

○東支鐵道附屬地ノ權利ニ就テ、哈爾濱事務所大正十三Br 23 30

○東支鐵道附屬地及松黑兩江航行ニ關スル支那法權回收事情(哈調資料第七號)、哈爾濱事務所大正十二Br 23 31

○東省鐵路合同成案、北京公所大正九Br K 23 33

○東滿東淸旅客及貨物連絡運輸第五回議定書、滿鐵Br K 23 34

31

○東滿東支連絡運輸ニ關スル會議議定書及議事錄集第二編K 23 40
○・約定及會議定書集第一編K 23 41
○北鐵沿線概況、哈爾濱鐵路局康德二K 23 42
○一九二五年ヨリ一九二八年ニ亙ル東支鐵道業績、哈爾濱事務所K 23 81
○北鐵接收前後、社員會昭和一六K 23 93
○東支ノ營業狀況、長春驛大正十三Br 23 95
○東淸鐵道地方部ノ業務一班竝全部事務分掌ニ關スル報告、哈爾濱公所大正七Br K 23 100
○南滿東淸連絡貨物運賃表、滿鐵Br K 23 109
○東支鐵道ノ運轉、調査課大正十三K 23 121
○第七回南滿東支連絡運輸會議議定書（自一九二二年六月十五日至一九二二年六月二十六日）、滿鐵Br K 23 131
○南滿東支兩鐵道間貨物連絡運輸運送規程類纂、滿鐵大正十Br K 23 150
○東支鐵道商業課附帶事業概觀、哈爾濱事務所昭和三Br K 23 154
○東支鐵道警察ノ概要、哈爾濱事務所大正十三Br K 23 155

32

○東支鐵道會社組織ニ關スル資料、哈爾濱公所大正七年K 23 168

○東清鐵道職務章程、交通課大正七K 23 170

○東支鐵道問題時報（自一號至八號）、調査課K 23 171

○東支鐵道東部線森林鐵道視察報告書、調査課Br K 23 184

○東支調査、賓黑其ノ他線路調査、交通課Br K 23 183

○東支鐵道建設報告書摘要Br K 23 187

○東支鐵道吸貨物政策ニ就テ、北滿經濟調査所昭和十二Br K 23 197

○東支鐵道ニ關スル「リュビーモフ教授」意見書、北滿經濟調査所昭和十二Br K 23 201

○東支鐵道會社概要、調査課昭和四MT 24 6

○中東鐵路急行（旅客列車）扱便及普通便扱貨物運賃率細則、鐵運輸課MT 221 14

33

○舊北滿鐵路蘇聯從事員歸還輸送ト退職金其ノ他支給概觀、蘇聯人歸還輸送委員會康二K 230 51

○北滿鐵路概要及附屬財產ノ現狀竝蘇聯滿洲國民間ノ北鐵讓渡交涉問題ニ基ヅキ算定サレタル價值ニ關スル報告、總、資料課昭和十K 230 52

○北滿鐵路監理事聯合會議㈢正副局長、權限問題、總、資料課昭八K 230 75 3

○北滿鐵路線整備規定K 230 10

○北鐵讓渡交涉經過、總、資料課昭和九K 230 6

○舊北鐵經濟調査局ノ概貌總、資料課昭和十A 6 1

○北鐵組織及財產調書、總、資料課昭和九K 230 4

○北鐵讓渡交涉ノ經過（滿洲國代表ノ東京引揚以降ニ於ケル）總資料課昭和十K 230 3

○北鐵讓渡交渉成立ニ伴ナフ影響、朝鮮銀行昭和九K230 30

○北鐵蘇聯職員拘禁事件、哈爾濱事務所昭和八K230 38

○舊北滿鐵路營業統計年報自康德二年一、一至同年三、三、哈、鐵路局康德二K230

○大興安嶺北鐵沿線南部畜產調查報告書、滿鐵經調昭和九E137

○東支鐵道管理局長オストロウーモフ人物評、哈爾濱事務所大正十三U21

35

京奉鐵路關係資料　五〇頁
露西亜極東政策及シベリヤ鐵道關係資料　五八頁

36

○東支鐵道ニ對スル露國ノ政策　哈爾濱事務所大正十三年U二、一
○東支鐵道問題ノ經緯　關東廳大正十四年U二三〇、九四
○東支鐵道附屬地移管問題ノ眞相竝經緯　調査課K二三〇、八二
○東支鐵道運賃政策史　哈爾濱事務所大正十五年K二三〇、六〇
○東支鐵道問題ノ眞相ト其ノ經過上下　哈爾濱商品陳列館昭和四年K二三〇、六四－一、六四－二
○東支鐵道ト洮昂鐵道トノ關係　哈爾濱事務所昭和二年K二三〇六九
○東鐵ノ河川船舶營業問題　哈爾濱事務所昭和六年K二三〇、六七
○支那ノ利權囘收運動前後ノ東支鐵道　社長室、調査課、大正十二年K二三〇、五六－三
○東支鐵道ニ纒ル紛爭、哈爾濱事務所　大正一三年K二三〇、三四
○對東支鐵道外交　總務部、調査課、大正九年K二三〇、三三
○東支鐵道關係資料（東支電權會議東支買收問題）　哈爾濱事務所昭和五年K二三〇、八
○東支鐵道幹部交迭ニ伴ナフ運賃政策ノ變更ト滿鐵ノ對策　總務部、調査課、大正十四年K二三〇、一〇

37

○東支鐵道ヲ中心トスル露文勢力ノ消長上下　哈爾濱事務所、大正十三年K二三〇、一六昭和三年K二三〇、一七

○東支鐵道建設沿革史　中村孝愛昭和十一年K二三〇、一七七

○東支鐵道ノ買收可能ナルカ　永雄策郎昭和六年K二三〇、三二

○西比利亞及東支鐵道監理概要（第二編）鐵道部大正十一年K二三〇、五〇

京奉鐵路關係資料

記錄係保管文書

○總體部文書門對外交渉類鐵道目京奉線　六六－四　明治四〇－大正二
○〃　〃新奉線　六六－七　明治四一－四二
○京奉線　四

總局移管文書

○奉山鐵路短期借款關係　八三
○京奉線技師長　五五
○計畫鐵道　九四

法制班保管文書

○錦朝鐵道（併行線關係）
○北寧鐵道ニ關スル外國權益
○北支各鐵道ノ對策竝借款關係資料

資料室保管

○清朝ニ於ケル民營鐵道ノ盛衰竝其ノ原因ノ分折　BrK二三－五一
○奉山鐵路借款問題　BrK二三－二四三
○京奉・奉海鐵路聯絡協定　BrK二三－二一九

39

○奉山鐵路對外關係ノ概要　BrK二三―二二一
○支那海運港灣關係立案計畫竝調査資料
○開灤鑛務局沿革　G三―三五
○中國煤礦　G三―三六
○開灤炭礦ニ關スル資料　G三―二二
○日清役後支那外交史　N―三四―一七〇
○天津地質　BrK―二四―五一
○京奉線及開灤炭坑ニ關スル調査ノ件　BrK―二四―五三
○支那ニ於ケル鐵道竝外人所有鑛山概要　BrK―二四―七一
○東北鐵路大觀　K―二三―二六
○支那ニ於ケル鐵道利權ト列強ノ政策　K―二四―八
○中國鐵路史　K―二四―二
○支那近代百年史上下　U―一四―九八
○北支鐵道其ノ三（北寧、平綏）　K―二四―一一
○中日俄競爭下之東北鐵道網　K―二三―五三
○開平炭礦回收ニ關スル英清外交
○支那經濟地理誌交通全編
○支那省別全誌直隷省

40

○在支列國權益概説
○支那財政論
○同文書院創立三十週年記念論文集
○支那鐵道外交史論稿
○支那ノ對外交通經濟借款
○支那ノ借款事情
○開灤礦歷史及收歸國有問題
○中國鐵路現勢通論 上下
○史地叢書中國鐵道史 全一冊
○交通史路政論 一卷、七卷
○交通史路
○外交時報第百七十七號
○支那第二十七卷、四號北寧鐵道ノ現狀ニ就イテ
○支那研究第二十號支那鐵道發達初期ニ於ケル
敷設ノ沿革
○並新舊兩派ノ爭鬪
○清國商業綜覽第三卷
○滿洲事變ト滿鐵

41

○光緒政要
○大清歴朝實錄
○清季外交史料
○李文忠公奏議
○李文忠公全集(奏稿)
○左文襄公奏議
○光緒諭彙存
○北支産業調査書類第六編第二卷
○、北支河川水運調査報告
○支那ノ鐵道
○近世支那外交史
○在支列國權益概說
○支那外交史
○支那外交通史
○極東近時外交史
○支那政治經濟年史

露西亜極東政策及シベリヤ鐵道關係資料

○ウイッテ伯回想記「日露戰爭ト露西亜革命」上、中、下　N一五一二九
○近世東洋外交史序説　N三一一三四
○西比利亜事變ト國際關係ノ眞相　第一巻　N三一一三六
○露國ノ極東侵略ニ關スル調査書　第一部、二部、三部　N三一一五〇
○日露ノ特殊權益ト國際鐵道戰　N三二一六六
○韓國時代ノロシア活躍史　N三二一七八
○滿洲ニ於ケルロシヤ勢力活動ノ諸段階　N三三一五六
○近世支那外交史　N三四一五二
○支那外交史編　N三四一五四
○近世支那外交史　N三四一五六
○支那外交史　N三四一六〇
○露支關係條約集　N三四一一五七
○日清役後支那外交史　N三四一一七〇
○滿洲ニ於ケルロシヤ勢力ノ消長　O七〇一三四
○近代露支關係ノ研究　M三二一一一二

43

○満洲ト日露戦争　O七三、一一|六九

○露西亜帝國満洲侵略史　M四一、二|四二

○満洲ニ於ケル露國ノ利權外交史　M四一、二|四三

○シベリヤ鐵道及極東諸鐵道ノ管理組織ノ變更（北ソ資二十號）　六八八一

○露國ノ満洲進出史　一、（ソ聯事情一卷七號）　三一七三

○〃　二、（〃　八號）　三一七三

○〃　三、（〃　二卷一號）　三一七三

○西比利亜及東支鐵道一斑　九五三、三|一

○露國侵略史　須崎芳三郎　三四六|一

○露國ノ東亜政策　齋藤清太郎・

○露西亜史講話　〃

○列強對満工作史　アヴアリン

○近世露満蒙關係史　サヴイン

○満洲ニ於ケル國際爭覇　ボノルクライド

○露清關係ノ第一期　外交時報二九|一、二、三、四

○満洲ニ於ケル拳匪ノ叛亂　奉天圖書館叢書十七

○西比利亜鐵道ノ完成　外交時報五〇、五一、五四、五五・

44

○露國極東政策トウイツテ　岩間徹
○露國ノ滿東州占領略史　滿洲文化協會
○滿蒙鐵道概要　鐵道省

45

二十一箇條問題ト旅大囘收關係資料（要項第十二章、第十二節）　四六頁
露國ノ鐵道權益讓渡其ノ他關係資料（要項第五章、第三節）　四六頁

46

二十一箇條問題ト旅大回收關係資料（要項第十二章第十二節）

○華府會議大觀
○大東亞外交史研究
○滿洲ノ鐵道ヲ繞ル日米露支
○大日本帝國議會誌第六卷
○滿洲ニ於ケル國際爭覇
○滿蒙ニ於ケル國際關係
○二十一箇條ト日本及支那
○在滿大使館資料
○近世日本外交史研究
○大正四年日支交涉經過要項
○國際法外交雜誌第二十九卷第四號

露國ノ鐵道權益割讓其ノ他關係資料（要項第五章第三節）

○滿洲ニ於ケル國際爭覇　N 33 42
○極東近時外交史　N 31 35
○小松臺文在　MO 03 21
○日米交涉五十年史

47

○近世日本外交史研究　松本忠雄　417 229

○大日本帝國議會誌　第六卷　小村圖書館

○日露間鐵道線路引渡及接續業務ニ關スル交渉經過竝同附錄　鐵道部涉外課

○東省鐵路幹綫車驛表M 93 3

○南滿洲鐵道土木十六年史　0794 6.5

○殖民地鐵道ノ世界經濟的世界政策的研究乃至殖民地鐵道ノ外的研究　941 2

○淸國商業綜覽

○交通今昔物語　古川阪次郎述　長春驛新設ノ經緯

○東淸鐵道及南滿支線ノ授受

○第七十六回帝國議會說明資料

○滿鐵統計年報　昭和十三年度

○滿鐵營業報告書

○滿鐵資料彙報　昭和十六年六月號

法制班保管文書

○滿鐵本線ノ地位ニ就テ

48

○滿鐵北端驛
○帝國ノ權益ニ關スル諸問題
○善後條約會議錄
○抗議ヲ受ケル虞アル諸問題　田中盛枝
○滿鐵附屬地ニ於ケル行政權ニ就テ
○附屬地關係其ノ一、其ノ二
○撫順炭礦ノ法律關係
○撫順竝煙臺炭礦ニ關スル資料
○撫順、煙臺炭礦ニ關スル會議報告書
○特殊權益再檢討資料　鑛業權其ノ二
○滿洲五案件竝間島問題ニ關スル交渉經過要項

滿鐵文書課文書

○總體部文書門文書類秘書類甲二四ノ六
（社長事務引繼ニ關スル件）
○總體部文書門文書類秘書類甲二四ノ二　土地整理ニ關スル意見書
○總體部文書運輸類鐵道目甲一七
（寬城子鐵道竝炭礦引繼事件ニ關スル件）
○總體部文書運輸類鐵道目甲一七ノ一　滿洲鐵道紀要

49

○舊技術部工務門務類鐵道目甲九ノ一
（陶家屯輕鐵移轉ニ關スル件）
○舊技術部工務門務類鐵道目甲九ノ二　石碑嶺陶家屯輕便線問題ニ關シ吉長總辨ト照復ノ件
○總體部文書門對外交涉類鐵道目甲六六ノ一四
（東淸鐵道ニ關シ又ハ關聯セザルモ帝國ノ勢力範圍内ニ於テ露國ガ支那ニ對シ有スル利權權利其ノ他）
○外務省文書第一門第七類第三項ノ内
（日露接續業務ニ關スル協定一件ノ内　寛城子驛問題實地委員ヘノ政府訓令及右委員會合ニ關スル件其ノ他）
○在滿大使館文書
○鎌田彌助氏及酒井親輔氏書簡
○官報　明治四十年十二月十九日
○協和　昭和十四年十月十五日號
○境界標設置新聞記事（稻川新京驛長所藏）
○大連港ノ產レ出ル迄（貝瀨謹吾）
○滿鐵調査時報第五卷第三號
○華府會議大觀（東方通信社編）

50

○炭礦沿革史總説（撫順炭礦編）
○南滿洲鐵道附屬地ニ於ケル日本ノ管轄權（シー・オルター・ヤング） N 33 52
○滿鐵附屬地經營沿革全史 上卷
○滿洲ニ於ケル帝國ノ權利 蜷川博士
○長春沿革史
○滿蒙ニ於ケル國際關係 N 33 29 ア
○東支鐵道附屬地ノ權利ニ就テ F 281 8
○滿蒙ノ鐵道問題ニ就テ F 118 82
○滿鐵ヲ中心トスル外交 M 412 231
○滿蒙ニ於ケル鐵道ノ概要 M 3 P10
○大清德宗景皇帝實錄 325 11
○滿蒙ノ現狀
○南滿洲ニ於ケル帝國ノ鑛業權

51

〇軍司氏遺稿
〇滿鐵關係條約集別册　第一輯　BrK 23 314
〇滿季外交史料　第一七四卷　325 139
〇地圖
〇寛城子公主嶺間（地圖番號62）
〇孟家屯寛城子間（地圖番號63）

奉山線關係資料　一七二頁

金福鐵道關係資料　一五三頁

滿鐵ヘ引繼後ノ諸支線關係資料（要項第五章第六節第五項）　六六頁

南滿洲鐵道及安奉線ノ期限延長關係資料（第十章第三節第一項）　六七頁

讓渡鐵道港灣ノ引繼關係資料（要項第五章第一項ノ一）

讓渡鐵道ノ準軌改築關係資料（要項第五章第六節第一項ノ二）

隣接鐵道トノ連絡關係資料（要項第五章第六節第四項）

日露外交交涉決裂關係資料（要項第五章第一節第一項）

奉山線關係資料

○奉山鐵路借款問題（改訂）昭和七、Br K 23 248

○奉山鐵路對外關係ノ概要　昭和七、Br 23 221

○奉天北平旅客直通列車運行ノ經緯ト反響　昭和九、Br K 23 220

○京奉奉海鐵路聯絡協定　昭和四、Br K 23 219　奉天公所

○京奉線輪轉材料圖　昭和二、Br 23 215

○京奉鐵路客位價目表附屬李包裹銀洋車轎運賃表　西一九〇九　Br 23 103

53

○北寧鐵路ノ黃金時代　王餘根　民國二十年K 23 71

金福鐵道關係資料

文書課保管文書

○金福鐵路城子疃驛ヨリ安東驛ニ至ル區間ヲ日支合辦トシテ完成
スル件　甲種八一、總體部文書門、涉外類、鐵道雜目

○甲二四六（總體部文書門、文書類、秘密書類目）

○總局移管文書

○一、二二（鐵道部、庶務門、文書類、庶務目一

○金福鐵道ト會社協定ノ件（一、二三、鐵、庶、文、庶）

○金福鐵道營業報告書（一、二四、鐵、庶、文、庶）

鐵道部ヘ移管文書

○滿蒙鐵道關係綴、九三　第三冊

總局移管文書

○總體部、監理門、關係會社監理類、金福鐵路目　一〇四

○〃　一〇四ー一

○〃　一〇四ー二

○〃　一〇四ー三

○大連新聞（昭和六、三、七日）

54

○帝國議會說明資料

第五十六回社外鐵道ト會社トノ關係

第五十七回金福鐵路沿革及買收經緯

第七十九回滿洲國滿鐵間鐵道建造借款及委託經營契約

○滿鐵會社統計年報　昭和十二年度

○滿洲ノ鐵道ヲ繞ル日米露支　K 23 32

○城子疃安東間鐵道計畫書、堀三之助　Br K 23 150

○滿蒙ニ於ケル鐵道ノ概要　M 3 P10

○滿鐵調査時報　第六卷第七號第一〇號第一一號

○滿鐵培養線トシテ速成ヲ要スル鐵道　K 203 50

○滿洲ニ於ケル私設鐵道對策案、滿鐵產業部、昭和十一年十一月　K 203 120

○滿洲產業開發五箇年計畫綱要、昭和十一年　A 103 29

○滿洲國ノ鐵道網計畫說明書　昭和七年十月、經調、K 203 103 2

○城安鐵道ノ經濟價値ト滿鐵ニ及ス影響、滿鐵調査部、K 203 36

滿鐵ヘ引繼後ノ諸支線敷設關係資料

一渾楡連絡線、甘井子線、入船線、吾妻線、旅順支線、柳樹屯線

文書課保管

○安奉線延長ニ關スル件　甲一七ー一

○安奉線陳相屯渾河間ヲ陳相屯蘇家屯間ニ變更ノ件　甲三四ー三

總局ヘ移管文書

○甘井子南關嶺間敷設許可願ノ件　二ー一八ー一ー甲五七ー三

○沙河口吾妻驛間貨物輸送用鐵道線路敷設願ノ件　二ー一八ー甲二八ー四

○驛其ノ他新設改廢　二ー甲三

○〃　二ー甲三ー一

○柳樹屯線改築工事施行ノ件　二ー一八ー甲三二ー一

○第一運絡所ヲ周水子ニ移轉ノ件　二ー一九ー甲九

○陳相屯奉天間線路ニ關スル件　二ー一九ー甲九ー二

○安奉線紀要

○滿蒙ノ鐵道問題ニ就テ

○滿鐵ヲ中心トスル外交

○滿洲鐵道建設史

55

56

○吾妻驛大要

南滿洲鐵道及安奉線ノ期限延長

○大正四年日支交渉經過要領

○安奉鐵道ニ關スル日支交渉經過概觀　田中盛枝

讓渡鐵道港灣ノ引繼關係資料（第五章第一節一項ノ一）

○陸海軍引繼關係書　B－一－一

○陸海軍引繼書寫其ノ他　甲二四－一

○土地整理ニ關スル意見書　甲二四－二

○安奉線延長ニ關スル件　甲一七－一

○客貨車重量定員積載量調、本線安奉線實哩調　甲一七－二

○會社創立委員ヨリ引繼書類中設立委員會議事要錄　A－一－二

○滿鐵法制班保管文書（滿鐵會社）中陸海軍引繼書類寫

○滿鐵東京支社文書、會社創立事務關係書類

○滿鐵三十年史及十年史

○南滿洲鐵道擴軌事業概要並附圖

○小松臺文存中野戰鐵道提理部ノ活動

○野戰鐵道提理部部報

○帝國議會說明資料　第七六回

57

○開拓鐵道論　伊藤道雄

○滿鐵營業報告書

○滿鐵統計年報　昭和十三年度

○滿鐵王國

讓渡鐵道ノ準軌改築關係資料（要項第五章第六節第一項ノ二）

○南滿洲鐵道擴軌事業概要

○南滿洲鐵道大連蘇家屯間複線工事概要

○在滿大使館保管文書

○小松臺文存

○滿鐵十年史

○柳樹屯史略

○滿鐵營業報告書

○滿鐵保管文書　甲一二

○總局保管文書　甲九

隣接鐵道トノ連絡關係資料（要項第五章第六節第四項）

○日露間鐵道線路引渡及接續業務ニ關スル交涉經過未定稿

○日露鐵道業務連絡ニ關スル國澤理事復命書

鐵道部ヘ移管文書

〇第一一號、第五二號、第五三號
〇滿鐵文書甲一九ー二、甲二四ー四
〇總局文書九ー二、九ー四
〇法制班保管文書
〇滿鐵北端驛、長春附屬地
〇吉長南滿兩鐵道連絡問題
〇滿鐵土木十六年史
〇長春沿革史
〇東支二十五年小史
〇滿鐵三十年史
〇支那鐵道ト聯運竝之ニ附屬スベキ事項協定文
〇滿蒙鐵道重要事項年表解說中滿蒙鐵道連絡一覽表
〇旅客貨物國際連絡運輸ニ關スル約定及會議議定書集第一輯
〇滿鐵ト滿蒙諸鐵道ト／關係、第十章滿鐵ノ運運
〇長春驛貨物變遷誌第二編
〇新京驛史

58

日露外交交涉決裂關係資料（要項第五章第一節第一項）

〇日露戰爭前後

59

○對支回顧錄　上卷
○滿洲鐵道建設史
○滿洲ニ於ケル國際爭覇
○續伊藤博文秘錄
○滿洲近代史　矢野仁一
○善後條約會議錄
○炭礦沿革史緫說

602

㊙

昭和五年度

借款鐵道關係事項

總務部外事課

32.

（タイプ紙1號）南滿洲鐵道株式會社

極秘

中日實業ニ對スル立替金ノ件

（4. 11. 共和號納）

中日實業ニ對スル立替金ノ件

中日實業株式會社ハ大正七年十一月十八日同社カ支那交通部ニ貸付ケタル電話擴充借款金一千萬圓ニ對スル延滯利息約二百萬圓ノ支拂方ニ關シ大正十二年五月交通部ト「吉長鐵道利益金中交通部取得部ヨリ年賦償還スル」コトヲ協定セリ

（附錄第一號 交通部書輸第一二八三號）

（附錄第二號 交通部公輸第 一二五號）

（附錄第三號 吉長鐵路局ニ對スル交通部令）

（附錄第四號 交通部公輸第一六〇三號）

(タイプ紙1號) 南満洲鐵道株式會社

該吉長鐵路利益金ハ已ニ會社ノ交通部ニ對スル借款ノ擔保ニ供セラレ居ルヲ以テ會社ニ於テハ取敢ス九月十日附北京公所長事務取扱牛島吉郎名義ヲ以テ交通部ニ對シ抗議ヲ提出セシメタリ

(附錄第五號)

交通部ハ十九日附會社ノ優先權ヲ毀損スルモノニ非サル旨回答セリ

(附錄第六號)

中日實業ニ於テハ上述セルカ如ク交通部ヲシテ吉長利益金ヲ提供セシメタレ共一方吉長局ハ交通部再度ノ指令ヲ奉セス

(附錄第七號)

他方會社ニ於テモ抗議ヲ提出スル等ノ事アリシカハ中日側ニ於

(4. 11. 共和號納)

テモ委任經營者タル會社ヲ無視シテ如何トモ爲スコト能ハサルヲ覺リ十二年十月下旬興業銀行總裁小野氏銀行團ヲ代表シテ支社ヲ來訪會社ノ「配慮ヲ願フ」處アリシカ昭和二年一月ニハ中日副總裁高木陸郎氏ヨリ「貴社ヨリ吉長鐵道ニ貸付ラレタル第一次借款五十萬圓ロノ年賦償還金ヲ同鐵道剩餘利益中ヨリ控除相成タル殘額中ヨリ毎年日金五十萬圓ニ達スル迄貴社ヨリ直接當中日實業會社ニ御支拂ノコトニ御取計相被下度」旨ノ依頼アリタリ

（附錄第八號）

吉長利益金交通部取得分ハ大正十一年十月二日締結ノ會社五十萬圓借款ノ擔保ニ供セラレ居リシカ會社ハ大正十四年其切替ヲ

爲スニ當リ右五十萬圓ニ新規貸付金四十萬圓ノ外延滯利子ヲ加ヘ改メテ百萬圓借款ヲ締結シ右利益金ヲ以テ擔保トセリ

而シテ會社ハ右百萬圓借款契約ヲ締結スルニ當リ十一年十月二日締結ノ五十萬圓借款ハ元利共囘收セルノ形式ヲ執リタルヲ以テ貸付ノ順序ヨリ云フ時ハ大正十二年六月二十五日附ノ中日實業貸付金二百萬圓カ會社百萬圓借款ニ優先シテ支拂ハルヘキ理ナレ共中日ノ借款ハ吉長鐵路ヨリ交通部ニ送付スヘキ利益金ノ内ヨリ年賦償還ス」ヘキコトヲ約束セルノミニシテ單ニ元利支拂ノ方法ヲ指定セルニ過キス會社百萬圓借款ハ前記ノ通リ交通部取得分ヲ擧ケテ擔保トナスカ故ニ支拂順位ニ於テハ會社ノ百萬圓借款ハ中日二百萬圓借款ニ優先スヘキモノナリ

(4. 11. 共和號納)

南滿洲鐵道株式會社 (タイプ紙1號)

然ルニ中日ニ於テハ其窮狀ヲ訴ヘテ切ニ會社ノ援助ヲ求ムル所アリ止ムヲ得ス

一、吉長利益金政府收得金處分ヲ左ノ順位ニ依ルコト

1、興業費

2、必要アラハ吉林官銀號出資金利息

3、滿鐵百萬圓借款利子九萬圓ノ内四萬五千圓

4、中日ニ百萬圓借款ニ對スル年九分ノ利息十八萬圓

5、百萬圓借款利息殘額四萬五千圓

6、滿鐵百萬圓借款元金

7、中日二百萬圓借款元金

三、中日カ右4及7ノ支拂ヲ吉長ヨリ受クルコトヲ滿鐵ハ默認ス

(4. 11. 共和號納)

南滿洲鐵道株式會社　(タイプ紙1號)

ルコト（但中日ハ交通部ノ受領委任ニヨル形ニテ交通部支拂勘定ニテ受領ノコト

三、吉長利益金ヲ右滿鐵及中日借款元利償還前ニハ交通部ニ送金セサル樣會計主任ニ注意シ置クコト

四、中日當事者ハ4及7及二ニ關シテ吉長局長及交通部ノ充分ナル諒解ヲ得置クコト

ヲ決定シ五月三日附庶務部長名ヲ以テ高木中日副總裁宛取得順位ヲ報告シ同時ニ

一、本年度ノ決算ニ於テハ一、二ヲ控除スルトキハ利益ハ幾何モ殘餘ナキ見込ナルコト

二、受領方ニ就テハ中日ニ於テ直接交通部及局長ト協議相成度コト

(4,6. 堀内納)

三、前記中吉林官銀號利息支拂順位ノ件ハ會社中日以外ニハ秘密ニ附セラレ度キコト

四、本件決定ノ次第ハ會社ヨリ吉長局會社代表迄内示シ置クヘキコト

五、萬一中日ニ於テ年度末迄ニ前記所定ノ金額ヲ受領ナキ場合ハ會社ニ於テ會社債權ヲ請求受領スベキコトヲ通達セリ、

（附錄第九號）

右ニ對シ中日ヨリ「本件法律的解釋ニツキテハ相違ノ廉モアレ共」此儀ハ別トシテ

一、中日ノ交通部ニ對スル該債權金貳百萬圓ハ滿鐵ニ信託讓渡ノ手續ヲ取リ滿鐵ノ債權トシテ取立テラレ度シ

南滿洲鐵道株式會社

二、右二百萬圓ニ對スル年九分ノ利息金十八萬圓ハ中日存立上是非共入手ヲ要スル額ニ付若シ此度御垂示ノ如キ順位ニ依ル利息取立額カ右額ニ達セサル場合ニハ甚タ申上兼ヌレ共滿鐵ヨリ立替ノ上中日ニ對シ交付願度旨申出タリ

（附錄第十號）

會社ニ於テハ政府方面ノ口添モアリ旁々中日ノ窮狀ヲ察シ代理取立ヲ承諾スルコトトシ中川代表ニ吉長局資金狀態ヲ照會シタル處中川代表ヨリ、局長ハ極メテ不服ニテ

第一、吉長ノ諸施設猶不完全ニシテ出來得ヘクンハ滿鐵ヨリ別途借款ヲナシ度樣ナ事情ニアル時無關係ノ方面ニ支拂スルカ如キハ委任經營者ニ於テモ不贊成ナルヘシト信スルニ反ツテ之

（4.6. 欄內 納）

ヲ強要セラルル滿鐵ノ意ヲ解スルニ苦シム

第二、本路ニ關係ナキ借款ヲ引受クルトキハ第二第三ノ中日現ハレ際限ナカルヘシ

第三、急ヲ要スル施設多々アリ餘裕ナシ

ト稱シ居ル旨回答アリ且局長ノ交通部宛呈文ヲ添付セリ

（附錄第十二號）

中日實業ニ於テハ其窮狀ヲ訴ヘテ七月二十一日、八月五日ト引續キ利息十八萬圓ノ立替方依賴シ來リ會社ハ支拂方局長ニ交涉シタルカ交通部ハ吉長局ニ對シテ立替拂延期許可ノ指令ヲ發シタル爲メ局長モ全然支拂ノ意思ナシ茲ニ於テ會社ハ特別詮議ノ結果昭和二年九月二十一日中日ニ對シ

(タイプ第1號)　南満洲鐵道株式會社

一、中日カ交通部ニ對シテ有スル債權二百萬圓ノ本年度分利息十八萬圓ノ内金九萬圓也ニ限リ會社ニ於テ中日ヨリ取立委任ヲ受クルコト

二、右九萬圓ハ吉長局ヨリ支拂アル迄一時會社ヨリ中日ニ對シ立替置クコト

但右立替金ニ對シテハ一箇年九分ノ割合ヲ以テ日割計算ニヨリ利息ヲ申受クルコトトシ便宜上昭和三年一月十日迄ノ利息ヲ割引キ置キ過不足ハ後日精算スルコト（支拂期限ヲ翌年ノ一月トナシタルハ當時翌年一月頃ニ至レハ支拂ヒ得ルトノ中川代表ノ意見ニ基ク）

三、後日吉長ヨリ支拂ハルヘキ九萬圓ヲ前記取立委任ニ依リ會社

(4.6. 堀内納)

カ吉長ヨリ受取リタル時ハ之ヲ以テ前項會社ニ對スル中日ノ
債務ト相殺スヘキ旨ノ書狀ヲ受置クコト
四、本取極ハ特ニ本年度ニ限ルコト
ヲ決定シ
（附錄第十三號）
一方局長ヨリ「都合ニツキ次第右金額ヲ支拂フヘキ」旨ノ保證狀ヲ取付ケ九月二十一日利子二千四百八十四圓差引八萬七千五百十六圓ヲ中日ニ立替交付セリ
（附錄第十四號）
昭和三年一月支拂期限ノ到來ニ際シ會社ハ吉長ニ對シ支拂方督促スル處アリタルカ中川代表ヨリ右ニ關シテハ先ニ交通部ノ支

（タイプ第1號）　南滿洲鐵道株式會社

拂延期指令アル事故右指令ノ取消ナキ限リ支拂致シ難シ交通部ヨリ取消指令ヲ發行スル樣交渉セラレ度旨ノ回答アリ右指令發行ノ件ニ關シテハ立替當時中日側ニ於テ引受ケ居リタル事故會社ニテハ中日ニ對シ督促スル處アリタルカ進捗セス

右ノ事由ニテ吉長ハ中日ニ支拂ハス又中日ハ會社ニ支拂ハサル爲昨年及本年ノ支拂期日ニ於テ中日ニ支拂方請求シタルカ中日ヨリ支拂方延期サレ度キ旨ノ申出アリタリ

（4.6. 棚內納）

附錄第一號

交通部來狀（一二八三號）

拜啓陳者貴公司ニ對スル電話借款延滯利息約日金貳百萬圓ハ今回吉長鐵道ヨリ當部ヘ送附スヘキ利益金ノ内ヲ年賦償還スルコトニ決定致候ニ付テハ該鐵道ニ對シ當部ニ送附スヘキ利益金ノ内南滿洲鐵道會社ヘ還附スヘキ立換金日金五拾萬圓ノ元利ヲ立替拂ヲナシタル上貴公司ニ對スル前項利息日金五拾萬圓宛ヲ毎年立替拂スヘキ樣訓令ヲ發シ置候尤モ前項利息金償還方法ハ該借款延期ニ關シ貴我間ニ議定ヲ了シ文書ノ交換ヲナシタル上實行スル筈ニ御座候間御承知置被下度右得貴意候也

民國 大正 十二年五月三十一日　交通部

中日實業公司御中

附錄第二號

第一二五號（此乃中日答記番號 並非交部發文番號）

中日實業公司台鑒承

元電話借款本金轉期及付息合同各項條件經本部大體認可除關於施行細目應另行詳晰協訂外合將主要各項條件申敍聲復於左

甲、對於原本日金壹千萬元轉期之項

(一)利息仍按照週年捌釐計算

(二)手數費仍按照九七七折計但分爲一個年內逐月淸付之用本部名義發給逐月付現之期票十二張所有分期付款之逾期利息准照本金轉期利率辦理

(三)期限定爲三年自原合同滿期日計算之

(四)付款方法定爲每月在北京至少支給現洋參萬元乃至五萬元逕

付貴公司所指定銀行收記貴公司存款之帳充作湊付
一部分之本利金下餘不足額數另指定的款按照另附
表件所定日期數目補付足額

(五)更換一部分擔保品另行協訂之

(六)會計員另行協訂之

(七)其他條件概按照原合規定辦理

乙、對於積欠利息簽訂合同之項

(一)利　息按照週年玖釐計算

(二)期　限自合同簽訂日　起以滿三年爲限

(三)付款方法指定吉長鐵路餘利充作付款財源按照另附表件所定
日期數目支給之萬一遇有不敷支付或支付不能等事
情時即以擴充電話借款日金壹千萬元轉期合同內所

規定之擔保提作本項付息合同之同一擔保

內、對於甲、乙、兩項之數字計算請由貴公司調製清算書送本部

會核之

按此事稽延已久亟須趕速決解應請貴公司剋日派員到部對於施行

細目彼此另行詳晰協訂之以資結束而清積案實所企幸專此佈達順

頌

台祉

交通部啓　六月二十五日

附錄第三號

吉長鐵路管理局ヘノ命令寫　十二年七月七日

當部カ中日實業公司ニ對シ滯拂トナレル電話借款利息日金貳百萬圓ハ同公司ヨリ屢々督促アリ償還方法ニ付協議セル處貴鐵路ヨリ政府カ毎年受入ルヘキ利益金アルニ付此受入金中ヨリ南滿鐵道會社ニ交付スヘキ日金五拾萬圓ノ立替金元利ヲ差引キタル殘金中ヨリ中日會社ニ滯拂利息金ヲ毎年五拾萬圓ツツ立替支拂ハレ領收證ヲ取リ當部ニ對シ報告スルト共ニ立替拂金ノ付替ヲセラレ度右訓令致候

（タイプ類1號）　南滿洲鐵道株式會社

附錄第四號

公函第一六〇三號

逕啓者接准

貴公司本月六日來函並利息清算書均悉關於電話借款積欠利息擬請

毋備另訂合同即由雙方互換公文一節應可照辦茲將撥付欠息條件

開列於左

一金額日金壹百陸金玖萬零貳百伍拾肆圓肆拾五錢

二利息按年玖釐計算

三期限自十二年六月二十五日起以滿三年爲限

四付款方法指定吉長鐵路餘利充作付款財源按照另附表件所定

日期限數目支給之萬一遇有不敷支付或支付不能等情事時即

以擴充電話借款日金壹千萬元合同內所規定之擔保提作本項

（4.6. 堋内納）

南滿洲鐵道株式會社　(タイプ第1號)

付息合同之同一擔保
以上條件即請
貴公司查照備案惟第一條金額本部尚未核對將來核對以後如有錯
誤再行函請
更正又第四條內表件容再另行編製並希
查照此致
中日實業公司

交通部啓

中華民國十[illegible]二年七月十九日

(4.8. [illegible]內納)

南満洲鐵道株式會社　(タイプ紙1號)

附錄第五號

拜啓陳者大連本社ヨリ吉長鐵道利益金ハ既ニ大正十年十二月四洮局ヨリ交通部ニ融通シタル銀貳拾萬元及大正十一年十月訂結ノ金五拾萬圓借款ノ償還引當トナリ居レリ右償還ヲ差置キ吉長鐵道利益金ヲ他ノ借款ノ償還ニ充ツルハ不穩當ナルニ付此旨交通部ニ聲明セヨトノ來電有之茲ニ傳達致候條御承知被下度此段得貴意候　敬具

大正十二年九月十日

南満洲鐵道株式會社
北京公所長事務取扱　牛島吉郎

交通部
吳總長殿

(4.6. 堀内 納)

南滿洲鐵道株式會社

附錄第六號

第一九七四號

逕啓准九月十日

函開頃接大連本社來電云吉長鐵路盈餘對於大正十年十二月四洮局交通部挪用之銀二十萬元及大正十一年十月訂約之日金五十萬元同仕充作償還之用以上各款置諸不用竟以吉長鐵路盈餘元償還他項借款之用殊多不合祈與交通部聲明等因即祈台察等因查上款係本部飭令吉長路局飭還在前日自較以後飭還之借款儘先辦理相應函復查照轉知大連

貴社爲荷此致

交通部啓

十二年九月十九日

南滿洲鐵道株式會社北京公所長牛島吉郎君

附錄第七號

交通部訓令 戊第二七二六號

令吉長鐵路管理局

查本部積欠中日實業公司擴充電話利息迭經令行該路局遵照於每年政府應得餘利內按照攤還表所列數目撥付該公司各在案所有本年度應行解部餘利項下應即按照攤還表應付數目如數籌付交由中日實業公司代收除函該公司接洽向領外仰遵照此令

中華民國十五年十一月三十一日

交通總長 張志潭

監印顧德潛

南滿洲鐵道株式會社　（タイプ用1號）

附錄第七號

照抄訓令　令吉長鐵路管理局局長魏武英

查本部積欠中日實業公司電話借款利息迭經令行該局於應解部餘利内代付在案兹准該公司函請於吉長路款項下先行劃撥該公司北京總行十萬元藉資周轉等因仰由該局酌核籌付爲要此令

中華民國十六年二月　日　交通總長

（4.6. 畑内納）

南滿洲鐵道株式會社

附錄第八號

昭和二年一月八日　中日實業株式會社

副總裁　高木陸郎

南滿洲鐵道株式會社

社長　安廣伴一郎殿

拜啓貴社益々御隆昌奉慶賀候陳者

交通部電話利拂借款擔保吉長鐵道

餘剩利益金受取方ニ關スル件

弊社ハ支那政府交通部ニ對シテ電話擴張資金トシテ大正七年十月二十五日金壹千萬圓ヲ貸與シ其後該電話借款ニ付テノ延滯利息金壹百六拾九萬貳百五拾四圓四拾五錢ニ對シ大正十二年六月二十五日利拂借款契約ヲ締結致候處夫レノ支拂方法トシテ

(4.6. 堀內 納)

吉長鐵道ノ收益ヲ以テ支拂金ノ財源ニ充ツルコトトシ、萬一支拂金ニ不足アルカ又ハ支拂不能ノ事アル時ハ電話借款日金壹千萬圓ノ延期契約内ニ規定セル擔保ヲ以テ利拂契約ノ同一擔保トス

ト規定シ尚此主旨ニ基キ既ニ交通部ハ別紙甲號ノ通リ弊社ニ對シテ之ヲ聲明スルト共ニ別紙乙號ノ通リ吉長鐵道管理局ニ對シ訓令ヲ發シ居ル次第ニ御座候就テハ契約ニ基キ其後引續キ支拂ヲ請求致居候得共當時中央政府ヲ無視セシ奉天當局ハ右管理局ヲシテ弊社ニ對スル支拂ヲ爲サシメス乍遺憾全然不能ノ儘今日ニ至リ候

然ル處吉長鐵道ハ貴社ヨリ六百五拾萬圓ヲ借款シ其經營ヲ貴社ニ委託シ其報酬トシテ純利益ノ二割ヲ支拂フ事ニ相成居候趣ノ

南滿洲鐵道株式會社　（タイプ用1號）

處貴社ノ御經營其宜敷ヲ得業績良好ナル爲メ貴社ハ前記貴社受入ノ報酬二割ヲ差引キタル殘額八割ヲ引當トシテ年利九分五ケ年賦償還ノ條件ニテ交通部ニ對シ第一次金五拾萬圓第二次金五拾萬圓ヲ貸付ラレ候由而シテ吉長鐵道ノ實績ハ六百五拾萬圓口ノ借款元利ノ償還ハ勿論右五拾萬圓二口ニ對シ利息並ニ年賦償還額ヲ控除シ尚　裕ニ貳參拾萬圓ノ殘餘ヲ生シ其殘餘ハ貴社ヨリ交通部ニ御支拂相成居由承ハリ居候前段記述ノ如ク弊社對交通部ヨリスレハ順序トシテ交通部ハ貴社ノ第一次五拾萬圓口ニ對スル償還分ヲ差引タル殘額ヨリ先以テ弊社ニ對シ年額五拾萬圓ヲ償還スヘキモノニ有之ニモ不拘交通部當局ハ之ヲ無視シテ弊社ニ對スル義務ヲ履行セス却テ貴社ノ第二次五拾萬圓口ノ償還ヲ爲シ居ル次第ニテ誠ニ遺憾ニ存居申候

（4.6. 堀內納）

就テハ目下之カ支拂方ヲ交通部及吉長鐵道管理局ニ對シ交涉中ニ御座候得共契約條項ヲ無視シテ平然タル昨今ノ支那政府當局ニ對シ單ナル抗議折衝ヲ爲シタル共到底成效覺束ナル候間弊社ハ該鐵道責任經營者トシテノ貴社ニ對シ

一、貴社ヨリ吉長鐵道ニ貸付セラレタル第一次借款五拾萬圓ノ年賦償還金ヲ同鐵道餘剩利益中ヨリ御控除相成タル殘額中ヨリ毎年日金五拾萬圓ニ達スル迄貴社ヨリ直接當弊中日實業會社ニ御支拂ノコト

ニ御取計被下候樣御願申上候御承知ノ如ク電話借款資金ハ臺灣興業、朝鮮、古河、住友、第一ノ六銀行ノ出資ニ係ルモノニ有之候間本件ノ成否ハ卽チ前記銀行團ニ重大ナル利害關係ヲ及ホスヘク弊社モ亦此取立ニ依ル利轉收入ヲ以テ主要ナル經常費資

南滿洲鐵道株式會社　(タイプ用1號)

金ニ充ツヘキ~~ス付~~次第ニ御座候間何卒弊社ノ右御願全部御承諾
御實行ニ預リ度此段得貴意申候　敬具

(納内地 4.6.)

附錄第九號

庶秘第三二號

昭和二年四月三十日　　　庶務部長名

中日實業株式會社副總裁

高木陸郎宛

拜啓益々御清勝ノ段奉慶賀候陳者本年一月八日並同月十七日附當社長宛貴翰竝同月十日附小職宛貴信ヲ以テ御照會相成リ更ニ先般貴臺御來社ノ上御依賴有之候吉長鐵道餘剩利益金引當貴社交通部電話利拂借款ノ件ニ關シテハ右吉長利益金ヲ左ノ順位ニ依リテ處理スルコトト致度候間御諒承相成度

一、吉長鐵道興業費

南滿洲鐵道株式會社

二、吉林官銀號出資金利息

三、弊社借款中五拾萬圓ニ對スル年九分ノ利息金四萬五千圓

四、貴社貳百萬圓借款ニ對スル年九分ノ利息金拾八萬圓

五、弊社借款中五拾萬圓ニ對スル年九分ノ利息金四萬五千圓

六、右弊社借款元金

七、右貴社借款元金

尚吉長鐵道收入金カ大正六年弊社ト交通部トノ間ニ締結セル吉長鐵道借款契約ノ條項ニ基キ總括的ニ他ノ借款ノ擔保ト爲シ得サルコトニ相成居リ又吉長鐵道利益金交通部收得分モ總括的ニ吉長鐵道興業費ニ充當スルコトニ弊會社ト交通部間ニ取極アルコト過日御來社ノ節御話申シタル通ニ有之候間御承知置相成度

尚弊社ニ於ケル本件前記處理ハ貴信御記述ノ法理上ノ見解ヲ容

認シタルニ基クモノニ無之特ニ貴社ノ現時ノ御狀態ニ顧ミ特ニ便宜ヲ主トシテ決定シタル儀ニ有之候從テ本件處理方法ハ吉長鐵道ノ收入、利益金ニ關スル弊社ノ法律上ノ見解ヲ何等拘束セサルモノナルコト勿論今後吉長鐵道借款原契約ニ變更等有之候節ハ勿論何時ニテモ右處理方法ヲ變更又ハ取消スコトニ御異議無之候豫メ御含置被下度候

尙本件ニ關シ左記御承知置相成度候

一、本年度ノ決算ニ於テハ前記(一)(二)ヲ控除スルトキハ利益幾何モ殘餘ナキ見込ナリ

一、受領方ニ就テハ貴社ニ於テ直接交通部及局長ト御協議相成度

一、前記中吉林官銀號利息支拂順位ノ件ハ貴社弊社以外ニハ秘密ニ附セラレ度

南満洲鐵道株式會社　(タイプ罫ト綱)

一、本件決定ノ次第ハ弊社ヨリ吉長局弊社代表迄内示シ置クヘキコト

一、萬一貴社ニ於テ年度末迄ニ前記所定ノ金額ヲ御受領無之節ハ弊社ニ於テ弊社ノ債權ヲ請求受領スヘシ

右豫メ御承知置相成度此段囘答得貴意候　敬具

(4.6. 堀内納)

附錄第十號

昭和二年五月三十日

中日實業株式會社

副總裁 高木陸郎

南滿洲鐵道株式會社

社長 安廣伴一郎 殿

吉長鐵道利益金受取方ニ關スル件

謹啓愈々御隆昌奉賀候陳者題記ノ件ニツキ昭和二年五月三日附貴會社庶務部長殿御書狀庶秘第三十二號拜誦仕候豫テ弊社申出ノ吉長鐵道利益金受取方ニツキ貴社ニ於カレテハ特ニ弊社ノ立場ニ對シ御同情被下便宜ノ處置トシテ弊社ノ對交通部債權ノ利息金拾八萬圓及其元金ノ支拂順序御申聞ニ預リ御芳情ノ程奉深謝候尤モ本件法律的御解釋ニツキ弊社ノ卑見ト相違ノ廉有之候

南満洲鐵道株式會社

趣ニ御座候得共此儀ハ別問題ト致シ可申又若シ今後貴社ト交通部トノ吉長鐵道借款契約ニ變更等有之候際ノ弊社ニ關スル御取扱ニ付テハ其節改メテ御考慮御願申ス事ニ致度茲ニ不取扱貴社ノ御厚意ニ依ル該方針ヲ難有拜受仕候

斯テ本件御取扱方ニツキテハ勝手ケ間敷候得共弊社ハ左ノ如ク御願申上度存候

一、弊社ノ交通部ニ對スル該債權金貳百萬圓ハ貴社ニ信託讓渡ノ手續ヲ取リ貴社ノ債權トシテ御取立相願度キコト

二、右貳百萬圓ニ對スル年九分ノ利息金拾八萬圓ハ弊社存立ノ上是非共入手ヲ要スル額ニ候間若シ此度御垂示ノ如キ順位ニ依ル利息御取立額カ右額ニ達セサル場合ニハ甚タ申上兼ネ候得共貴社ヨリ御立替ノ上弊社ニ對シ右額ノ御交附御願

申上度キコト

尤モ右御立替分ハ其後ニ御取立下サルヘキ債權元本又ハ利息額ヨリ御回收ニ預ルヘキ順序ニ候

右ハ貴社ニ於カレ御迷惑ノ程拜察仕候得共弊社ハ目下甚タシキ窮迫ニ際シ居ル次第ニ候間何卒格別ノ御詮議ヲ以テ右願出ノ條項御諒諾被下度其上ニテ直チニ正式ノ手續相運ヒ可申候

先ハ右御挨拶旁御懇願迄如斯御座候　拜具

33

南満洲鐵道株式會社　(155—4)

大正十五年五月七日

在間島
總領事　鈴木要太郎

外務大臣殿

豆満江架橋問題ニ關スル件

本件ニ關シテハ書面竝電信ヲ以テ度度御訓令ノ次第アリ又小官ヨリ屢々電信ヲ以テ及報告タル處今回小官及道尹間ニ於テ別紙架橋協定案竝設計要項ノ通意大体意見纏リ道尹ヨリ吉林官憲ニ報告シ其ノ同意ヲ得タル上決定ヲ爲ス運ト相成タルカ吉林官憲ハ多分異存ナカルヘキ模様ナルヲ以テ遠カラス確定致スヘクト察セラル本件従來ノ交渉經緯左ニ申進ム

(2.9. 堀内商店納)

一、道尹ノ意見ニ依レハ本件架橋問題ヲ天圖、圖們兩鐵道連絡ノ爲兩國政府ニ於テ架設スルヲ主義トナスハ宜シカラス往年圖滿江軍用假橋撤去問題起リ間島日支官憲及北京外交部ト日本公使館トノ間ニ種々交渉ヲ重ネタル事アリタルカ其ノ際北京外交部ニテハ日本側ニテ現在ノ軍用假橋ヲ撤去スルニ於テハ兩國人民交通ノ便ヲ計ル爲日支兩國政府協議ノ上新ニ橋梁ヲ架設スルハ異議ナシトノ旨同部ヨリ通牒アリタリ（日本公使ニモ其ノ旨通牒シタル筈）故ニ此ノ通牒ヲ基礎トシテ兩國人民交通ノ爲橋梁ヲ建築スルヲ主義トナシ便宜兩鐵道會社ノ請願ニ依リ鐵道ヲモ通過セシムル形式トナシタシ然ラサレハ他日中央政府ト吉林トノ政情關係回復シタル際特派交渉員タル自巳ノ立場ニ影響ス故ニ兩鐵道聯絡ニ關スル事項ヲ協定中ニ規定スルハ可成之ヲ避ケ連絡ニ關スル協定ハ架橋協定決定後別ニ作リタシ而シテ連絡ニ關スル協定ハ北京ニ報告セス吉林迄ニ止メ置ク所存ナリト主張スルヲ以テ小官ハ之ニ對シ何等異議ナシ貴方ノ立場上支障ナキ方法ヲ以テスヘシト同意セリ

二、總督府鐵道局ニ委託シテ工事ヲ施行スルハ支那側ノ體面ニ關ストテ堅ク主張シテ讓歩セサルヲ以テ既電ノ通總領事及道尹ニ於テ適當ト認ムル技師ニ囑託シ之ニ設計及工事ヲ監督セシメ竣工スル事トシ右技師ハ總督府鐵道局技師ヲ以テスル事ニ諒解セシム

三、建築費ニ關シテハ協定文中單ニ日支兩方各其ノ半額ヲ負擔ス

ル旨ヲ規定スルニ止メ支那側負擔ハ飯田延太郎ニ於テ立替ヘ天寶山報效金ノ内ヨリ控除スル等ノ事ハ規定セサル様致シタシ何トナレハ右ハ支那側ノ體面上面白カラスト申出テタルニ付異議ナシト答ヘ置キタリ

大体以上ノ方針ヲ以テ交渉ヲ進メ技師ヲ選定シ本協定決定前ト雖測量ニ着手シ差支ナキ事ニ諒解ヲ得測量及設計ヲ始メタル處之ヲ廣軌鐵道ニ使用シ得ラルル様築造シ他日吉會鐵道實現ノ際直ニ使用シ得ル事トスル點ニ關シ總督府ノ意向ト小官ノ諒解ト大ニ相違致シ居リタル次第ハ既電ノ通ナリシカ其ノ後御訓令ニ依リ建設費ヲ三十萬圓ニ增加方ニ關シ道尹ト種々協議ヲ重ネ一面技師ニ協議シ增加理由書ヲ作製シ交付シタルハ四月五日附機

(155-4)　南満洲鐵道株式會社

密第三四〇號拙信報告ノ通ニシテ大体同意ヲ得タルモ圖面及設計書ヲ見タル上之ヲ吉林ニ送付シ同意ヲ得テ決定的回答ヲ致スヘシトノ事ナルヲ以テ技師ヲシテ設計ヲ急カシメ調査研究ノ結果二、三案ヲ立テタルモ茲ニ最モ困難ナル點ハ多少ニテモ專門的智識ヲ有スル者ナラハ右ノ設計ヲ見ルニ於テハ狹軌線ノ橋梁ニアラスシテ廣軌線ニ使用スヘキモノタルハ一目シテ明ナリ故ニ之ヲ吉林官憲ニ送付スルニ於テハ支那當局ニ於テモ相當ノ技術者ヲシテ一應調査スルモノト思ハルル處右ノ場合ニハ廣軌計劃ノ暴露スルコト疑ナク遂ニ本件ノ成立ニ頓挫ヲ來スヘク此ノ點頗ル苦心ノ存スル所ナルカ技師ニ於テ種々研究ノ結果橋脚ノ水面下部ハ廣軌式ノ築造トナシ水面上部ハ之ヲ狹少ニシ狹軌式

(2.9.堀内商店納)

トナシ廣軌鐵道ニ用ユル場合ニハ橋脚ノ水面上部ヲ鐵筋コンクリートヲ以テ捲ク方法ヲ採ル事トセハ頗ル容易ニ廣軌式ニ變更スルコトヲ得ヘク若シ支那側ニ於テ水面下部ヲ何故ニ斯ノ如ク堅牢ニ設計スルヤノ疑問ヲ起シタル時ハ圖滿紅ハ水流激シク且解氷ノ際流氷ノ流下スル事甚シキヲ以テ特ニ堅牢ニ築造セサルヘカラサル理由ヲ以テ説明スル事トシ右案ヲ以テスルニ於テハ何等疑點ヲ挾ム餘地ナク安全ナル設計ナルニ付此ノ案ニ一決シ本月四日技師ヲ帶同シ局子街ニ道尹ヲ往訪シ詳細ニ亘リテ説明シタル處大体同意シタルヲ以テ道尹ヨリ架橋協定案、設計要項及圖面等一括吉林ニ郵送シ之カ同意ヲ得セシムル事ニ取運ヒ置キタルニ付遠カラス吉林ヨリ囘答アルヘク其ノ上ニテ決定致ス

ヘキ豫定ナルニ付別紙架橋協定案決定方ニ關シ至急御承認相煩シタシ

又本件ハ前記第一ノ主義即チ往年北京外交部ノ同意シタル圖滿江架橋ノ趣旨ニ依リ架設スルモノナルニ付形式トシテ小官ヨリ別紙甲號ノ通舊軍用假橋ヲ撤去スヘキ旨ノ書面ヲ送リ之ニ對シ道尹ハ承知シタル旨回答シ更ニ小官ヨリ別紙乙號ノ通橋梁架設ノ申込ヲナシ之ニ對シ同意ノ旨ヲ回答シ來リ玆ニ始メテ架橋ノ協議ニ取リ掛ル段取リトスル儀ニテ右ノ形式ハ詳細道尹ト協議濟ノ次第ナルニ付是又御承認相成度シ

仍又技師ノ云フ所ニ依レハ鐵道局ニハ廣軌橋梁ニ要スル鐵桁ニシテ少シク使用シタルモノ持合セアリ若シ之ヲ用ユルナラハ新

（155-4）　南滿洲鐵道株式會社

品購入價格ノ半額位ニテ拂下クル事ヲ得ヘシトノ事ナリ元來橋梁建設費ハ其ノ半額ハ鐵桁ノ爲ニ費サヽルヘカラサル處今回建設スル圖滿江橋梁ニシテ他日之ヲ廣軌ニナス場合ニハ鐵桁ハ全部變更セサルヘカラス若シ今ヨリ廣軌式ノ鐵桁ヲ取付ケ置クニ於テハ何等變更ノ要ナク其ノママ使用スヘク頗ル經濟的ト思ハルルニ付今回道尹ニ會談ノ際技師ト共ニ世間話的ニ右ノ事情ヲ話シタル處道尹曰ク吉會線敷設ノ必要ハ何人モ認ムル所ニシテ只歳月ノ問題ト思ハル二、三年後之ヲ廣軌ニ變更スル場合ニ上部橋桁ヲ變更スルハ頗ル不經濟ナリ若シ鐵道局ニ於テ安價ニ提供セラルルニ於テハ此際之ヲ使用シ完全ニ廣軌式トナスハ得策ト思ハルトテ意外ニモ頗ル乘リ氣ニナリ自ラ私案トシテ別ニ吉林

(155-4)　南満洲鐵道株式會社

林當局ニ稟議スヘシト申居ルニ付吉林ニ依ルコトトナルヤモ知レサル處右ノ場合ニハ公ノ造シ得ル次第ニテ當方トシテハ極メテ好マシキ所ナリ

右報告ス

(2.9.堀内商店納)

31.

(タイプ紙2號) 南滿洲鐵道株式會社

中山交通部顧問俸給立替拂ノ件

(5. 6. 鮎川納)

中山交通部顧問俸給立替拂ノ件

昭和二年五月二十日在京入江理事ヨリ「支那政府ニ於テハ財政困難ノ爲交通部顧問中山龍次ニ對シ已ニ六ケ月（七千二百弗）ノ俸給不拂ヲ來シ尙當分支拂不能ノ由然ルニ今直ニ同氏ヲ引上ケシムルハ我國トシテ各種ノ懸案解決上不利益ニ付此際右不拂俸給六個月及當分不拂トナルヘキ額（月額約一千三百弗期間一箇年位）合計二萬三千弗ヲ滿鐵ヨリ何等カノ形式ノ下ニ交通部ニ對スル借款ニ追加スルカ又ハ別借款トスルカノ方法ニテ支出

方内閣及外務省ヨリ依頼アリタリ」トテ詮議方来電アリ（本件ハ中山顧問ヨリ芳澤公使ニ懇請シ芳澤公使カ外務省ニ斡旋セルモノノコトシ）會社ハ事情止ムヲ得サルモノトシ「將來此ノ種立替ヲ豫防シタキ希望」ヲ附シテ承諾スルコトニ決セリ（當時新線問題ニ關スル交渉進行シ居リテ外務省方面及芳澤公使ノ感情ヲ害スルコトハ不得策ナルカ爲ナリ）而シテ立替ノ手續ニ關シテハ五月二十五日中山顧問ヨリ陸交通次長ニ協議セル處同次長ハ「滿鐵側ノ好意ニ對シテハ喜ンテ同意スルモ唯其ノ手續トシテ交通部ヨリ進ンテ公文ヲ以テ滿鐵ニ申入ルルコトハ場合上困難ナルヲ以テ中山ヨリ交通部ニ對シ滿鐵トノ交渉條件ヲ具シテ願出テ右ニ對シ交通部ヨリ同意ノ旨ヲ回答スルカ如キ形式ヲ採リ度キ」旨申出タル由ニテ同顧問ハ廿二日附交通部宛附錄第

一號ノ如キ星文ヲ提出セリ

會社ノ意向トシテハ「中山氏カ交通部ト會社トノ中ニ立チテ内交渉ニ當ルコトハ差支ナク而シテ中山氏カ自身ノ提案トシテ交通部ニ申請シ交通部カ承認ノ形式ヲ採ルコトハ當方ノ關スル所ニ非ルモ其レ丈ノ手續ニテ借款契約ニ代フルコトハ不同意ナリ本來ナラハ交通部ヨリ會社ニ申出テ會社カ同意ノ回答ヲ發スル形式ヲ當然トスルモ先方カ强テ他ノ方法ヲ希望シ且公使ニ於テモ右希望認諾ヲ必要トセラルルナラハ往復文書ノ形式ニ依ラス内交渉ノ結果ニ基キ交通部會社間ニ借款契約ヲ締結スルコトトスヘシ、條件ハ大体金額ハ二萬三千弗、期限二箇年、利息年九分ニテ各一年毎ニ支拂フコト、擔保ハ借款鐵道中比較的收入多

5793

キ四洮利益金ヲ充ツルコトハ一案ニ非スヤト思考スルモ擔保ノ點ハ暫時交通部ニ當方ノ意向ヲ漏サス試ミニ中山氏ヨリ交通部ニ何ヲ提供スルカヲ質スコトトシ」其ノ回答ヲ待チテ研究スルコトトセリ中山氏ハ右會社ノ意向ヲ土台トシテ陸交通次長ト交渉ル處陸次長ハ

(一)斯ル比較的小額ナル且特定ノ人ノ俸給支拂ニ鐵道ノ收入ヲ擔保トスルハ部ノ面目上面白カラス

(二)特定ノ人ノ俸給ヲ支拂フ爲ニ鐵道ノ收入ヲ擔保トスルコトハ部内一般ノ反感ヲ招クコト

(三)局長ノ同意ヲ得ルコト困難ナリトノ理由ニテ不可ナリト云ヒ

(四)他日何カノ借款成立シタル場合其内ヨリ天引スルコト

(五)單ニ鐵道全般收入トスル位ノコトニテ如何ナルヘキヤ

南満洲鐵道株式會社 （タイプ紙2號）

ト申出タリ
會社ハ六月十一日電ヲ以テ「往復文書ノ形式ニ同意シ難ケレハ契約ノ形式トナシ擔保モ力メテ四洮又ハ吉長ノ鐵道収入ヲ求メ已ムナクハ他日借款成立シタル場合其中ヨリ天引スルカ又ハ單ニ鐵道全般ノ利益金（収入ニ非ス）トシテ差支ナキモ前者ノ場合ハ書面ニテ天引ノコトヲ明記シ置クコトニシタシ」ト北京公所長ニ訓令セシカ公使館、公所長、中山顧問等協議ノ結果「結局會社カ六ケ敷條件ヲ持チ出セハ纏ラサルヘク本件ハ金額モ小額ナルニ付支那側ニ對シテハ出來得ル限リ其ノ財源ヨリ支拂ハシメ不可能ノ時ニ於テノミ滿鐵ヨリ借款スル立前ニテ大体支那側ノ承諾シ得ル前記擔保ヲ以テ成立セシムル外ナカルヘシ」トノコトニ意見一致セリ

(5. 6. 紡川納)

斯クシテ昭和二年二月十八日附交通部發會社宛附錄第二號書翰ヲ受領セシカ本文ニハ辨濟方法ニ關シテ明記スル所ナキヲ以テ七月二日北京公所長ニ對シ「支拂方法トシテハ今後會社交通部間ニ成立スル借款ノ交付金ヨリ控除スルコト但五年以内ニ借款ナキトキハ吉長又ハ四洮ノ純益金ヨリ支拂フコト、若シ右ノ條件ヲ交通部カ承認スルニ於テハ擔保ハ別ニ取ル必要ナシ、六月十八日附交通部ノ書面ヲ交通部ニ返付シ更ニ右條件ヲ含ム書面ヲ提出セシメソレニ對シ貴職名ニテ承諾ノ旨ヲ回答サレ度シ」ト訓令セリ交通部ハ「再發ノ手續ヲ擧ケ會社ヨリ回答文ニテ條件ヲ提議シ部ニテ更ニ之ヲ承諾スル形式ヲトリ度シ」トノ事ニテ會社ハ之ヲ承諾シ七月十二日附北京公所長名ヲ以テ滿交通總

南満洲鐵道株式會社　(タイプ紙2號)

長宛附錄第三號書面ヲ發送セリ
交通部ヨリハ右ニ對シ八月十五日附吉長四洮ノ利益金ヲ以テ償還ストアルヲ交通部收入ヲ以テ償還スルコトニ改メラレ度旨回答アリ（附錄第四號）
會社ハ八月二十二日附右ニ承諾ノ旨回答セリ（附錄第五號）
右會社交通部間ノ協定ニ基キ同月廿三日會社ハ自民國十五年十一月廿七日至十六年五月廿六日六箇月分欠薪計七千二百元、自民國十六年五月廿七日至八月廿六日三箇月分俸給合計銀參千九百元ヲ北平ニ於テ中山顧問ニ交付セリ爾來毎月會社ハ交通部ニ代リ中山顧問ノ俸給ヲ支拂ヒ來リタルカ昭和三年一月中山顧問ハ東京放送局理事ニ就任交通部トノ關係ハ囑託事務擔任ノコトニ決定セルヲ以テ以後ノ取扱方ニ關シ會社ハ一月十四日附北京

(5. 6. 鮎川納)

公所長名ヲ以テ交通部宛同人立替俸給支拂辦法ヲ照會セリ（附錄第六號）此ニ對シ交通部ヨリ（原契約ニ從ヒ本年五月迄立替拂サレ度」旨回答アリタリ（附錄第七號）

其後中山顧問離平ニ際シ五月迄ニ受領スヘキ俸給ヲ正金銀行ニ譲渡シタル由ニテ二月六日附正金銀行北京支店ヨリ北京公所宛「同人ノ俸給ハ爾後直接正金宛支拂相成度」旨ノ來信アリタリ（附錄第八號）ニ會社ハ之ヲ承認シ昭和三年五月迄支拂ヲ履行セリ

右俸給立替金合計二萬三千元ハ現在未整理ノ狀態ニ在リ

(タイプ紙2號)　南滿洲鐵道株式會社

附錄第一號

交通總長宛

謹啓鄙人短學非才ノ身ヲ以テ敢テ顧問ノ榮職ヲ汚スコト茲ニ十有餘年此間常ニ深厚ナル愛顧ヲ辱フシ感銘ノ至ニ堪ヘス又過般備聘繼續ノ命ニ接シ鄙人ノ光榮トスル所ナリ茲ニ重ネテ閣下ニ懇願シ度キ一事アリ鄙人ノ俸給ハ昨年十二月分以降未タ支給ヲ受ケサル爲家政非常ニ困難ヲ感シ既ニ銀行ヨリ尠カラサル融通ヲ受ケ以テ今日ニ至リタル次第ナリ然ル處今日幸ニ先輩ノ斡旋ニヨリ南滿洲鐵道株式會社ハ多大ノ同情ト好意ヲ表シ鄙人ノ俸給ニ對シ停滯ノ分竝ニ將來ニ於ケル分共ニ交通部ニ代ツテ立替拂ヲ爲シクルルコトノ承諾ヲ與ヘラレタリ就テハ前述ノ如ク南

(5. 6. 鮎川納)

(タイプ紙2號) 南滿洲鐵道株式會社

滿洲鐵道株式會社ニ於テ立替拂ヲ爲スコトヲ御同意賜リ度奉懇

願候

右御了知置下サレ今後共何分ノ御配慮ヲ賜リ度御願申上候

敬具

(5. 6. 鮎川納)

附錄第二號

交通部公函第五八八號

民國十六年六月十八日　交通部

會社宛

拜啓本部顧問中山龍次ヨリ同顧問俸給ハ去年十二月以降未拂ノ爲家計困難ナル處今度先輩ノ斡旋ニヨリ滿鐵會社カ同情ヲ表セラレ交通部ニ代リ未拂給料及今後ノ俸給ヲ立替支拂ヲ承諾セラレタルニ依リ交通部ニ於テモ右ニ承認アリ度旨申越アリタルニ付テハ當部ニ於テモ右顧問申越ノ次第異議無之ニ付顧問ノ未拂俸給去年十二月ヨリ本年五月迄ノ合計銀七千二百元及本年六月

1757

(タイプ紙2號) 南満洲鐵道株式會社

ヨリ毎月ノ俸給及手當銀一千三百元ハ貴會社ニ於テ幹部ノ勘定ニテ支出シ追テ結算スルコトニ御取計相成度

(5. 6. 鮎川納)

5252

(タイプ紙2號) 南満洲鐵道株式會社

附録第三號

北公庶秘第二七第一號二四

昭和二年七月十二日

北京公所長名

潘　總　長　殿

拜啓貴部中山顧問俸給借入ニ關シ六月十八日貴翰ヲ以テ同顧問ニ對スル未拂俸給去年十二月分ヨリ本年五月分迄合計銀七千二百元及本年六月分ヨリ以後ノ毎月俸給手當合計銀一千三百元ヲ弊社ニ於テ貴部勘定ヲ以テ支出シ追テ結算スルコトニ取計ハレ度旨申越相成候處其ノ條件申越ナキニヨリ假ニ左記條件ヲ定メ候ニ付若御同意ヲ得ハ弊社ハ之ニ依リ取計可申何分ノ御回答相成度

(5.6. 鮎川納)

記

一、中山顧問ノ未拂俸給ハ合計七千二百元トシ今後ノ俸給ハ本年六月分ヨリ起算シ一箇年以内タルヘキコト

二、利息ハ年九分トス

三、本金額及利息ハ將來貴部ト弊社トノ間ニ借款契約ヲ締結スルトキ其ノ内ヨリ償還スルコト但シ五年以内ニ借款契約成立セサル場合ハ吉長線又ハ四洮線ノ政府利益金ヲ以テ償還スルコト

以上

南滿洲鐵道株式會社　(タイプ紙2號)

附錄第四號

第一七五號

中華民國十六年八月十五日　交通部

會社宛

拜啓七月十二日附貴翰了承仕候本部顧問中山龍次ノ未拂俸給及今後ノ俸給ハ會社ニ於テ立替支拂ノコトニ御承諾被下難有存候只貴翰記載條件中第一條及第二條ハ差支ヘ無之モ第三條ノ吉長線或ハ四洮線ノ政府利益金ヲ以テ償還ストアルヲ交通部收入ヲ以テ償還スルコトニ改メラレ度若シ御同意ヲ得ハ直接支拂ノコトニ御取計相成度何分ノ回答アリ度

南滿洲鐵道株式會社 (タイプ紙2號)

附錄第五號

北公庶秘二七第一號三二

昭和二年八月二十二日

北京公所長名

滿總長宛

拜啓八月十五日附第一七五號貴翰ヲ以テ貴部顧問中山龍次未拂俸給及今後ノ俸給ヲ弊社ヨリ立替支拂ヲ爲ス條件中第一條第二條ハ差支ナキモ第三條ノ吉長鐵道或ハ四洮鐵道ノ政府收得利益金ヲ以テ償還スト アルヲ交通部收入ヲ以テ償還スルニ改メ度尙金額ハ直接交付スルコトニ致度旨御申越有之タル處弊社ハ之ニ異議無之候就テハ金額ハ直接中山顧問ニ交付シ其ノ領收證副本ヲ御手許ニ送附スルコトニ可致候

(5. 6. 鮎川納)

南満洲鐵道株式會社 (タイプ紙2號)

附錄第六號

北公庶秘二七第一號三五

拝啓陳者會社立替ノ貴部顧問中山龍次君俸給民國十六年八月廿七日ヨリ十二月廿六日迄毎月一千三百元宛合計五千貳百元ニ對スル受領書寫四通御送附申上候間御領收相成度尚中山顧問ハ近日歸國ノ上東京放送局理事ニ就任シ貴部ニ對シテハ依然囑託事務ヲ兼任スル由ニテ俸給ハ酌量ノ上御減額相成ヘキ趣ナルカ如何程御減額相成可キヤ猶又今後ノ立替金額期限其他一切ノ辯法御通知相成度

南満洲鐵道株式會社
北京公所長　古仁所　豐

中華民國政府　交通總長

(5. 6. 鮎川納)

南滿洲鐵道株式會社　(タイプ紙2號)

附錄第七號

交通部公函第一二二號

拜啓陳者本月十四日附御來書並ニ受領書寫四通正ニ領收仕候中山龍次君引續キ本部電政司顧問委任ノコトト相成候ニ付テハ昨年御協定申上候同人月俸立替金ハ原契約通リ本年五月迄每月御立替拂相成度此段得貴意申候也

中華民國十七年二月三日　交通部拜

南滿洲鐵道株式會社
北京公所

(5. 6. 鮎川納)

南滿洲鐵道株式會社　(タイプ紙2號)

附録第八號

昭和三年二月六日

横濱正金銀行
北京支店

北京滿鐵公所　御中

拝啓中山龍次氏カ本月乃至本年五月ニ貴社ヨリ受取ラルヘキ月額銀五千貳百元也當方ニ於テ別紙ノ通同氏ヨリ債権譲渡相受候ニ付爾後當店ニ直接御支拂相願度此段得貴意候也　敬具

追而本月分ニ對スル中山氏領收書正副貳通茲許同封申上候間銀壹千参百元當方ニ御支拂相願度候來月分ヨリハ中山氏自身ノ領收證ニテモ當方ノ領收證ニテモ御都合宜シキ方差出可申候

以上

(5. 6. 鮎川納)

086

（タイプ紙2號）南満洲鐵道株式會社

四洮打通連結設備ノ件

487

(タイプ紙2號) 南滿洲鐵道株式會社

四洮打通連絡設備ノ件

通遼ニ於ケル四洮打通兩線連絡設備ノ件ニ關シテハ昭和二年十二月北京ニ於ケル京奉四洮連絡會議ニ於テ「四洮鐵道ノ出資ヲ以テ四洮通遼驛ヲ擴張シ連絡設備ヲナスヘキコト」ヲ議決シタリ

其後京奉、四洮、洮昂、齊克四路連絡運輸開始後ハ四洮通遼驛ヲ共同驛トシテ其ノ一部ヲ京奉側ニ貸與シタルカ狭隘ノ爲双方執務上不便ナルヲ以テ京奉側ヨリ屢驛舍ノ増築ヲ請求スル所アリタルモ其都度四洮側ニ於テ消極的態度ニ出テ未タ増築ヲ實施

(5. 4. 鮎川納)

(タイプ紙2號)　南満洲鐵道株式會社

スルニ至ラス
昭和五年六月ニ至リ京奉側ハ本件連絡設備ニツキ自案ヲ提示シテ四洮側ノ同意ヲ求メ來リタリ右ニツキ四洮派遣員ヨリ本社ニ稟請ノ次第アリタルヲ以テ之カ處理方ニ關シ總裁ニ經伺シタル處「元々打通線ノ敷設及通遼連絡施設問題ハ我方承認ヲ與ヘスシテ行ハレタル關係モアリ昭和二年十二月ノ北京協定ニ依ル連絡設備スラ認ムルコト能ハス從テ四洮局ヲシテ費用ヲ支出セシムヘキモノニアラス強テ先方カ實行セントスルナラハ成行ニ任セヨ」トノ御意見ナリシヲ以テ宇佐美會計處長ヲシテ四洮局長ニ對シ「打通線ニ付テハ外務省ハ今猶抗議ヲ持續シ居ル關係上連絡設備モ亦之ヲ承認セサル處ニシテ總裁ヨリモ承認不可能ナル旨指令アリタルニ付假令四洮局ニ於テ連絡設備ノ計畫ヲ爲ス

(5.4.鮎川納)

（タイプ紙2號）南滿洲鐵道株式會社

モ之ニ要スル經費支出ニハ遺憾ナカラ會計處長トシテ連署シ得
サル」旨言明セシムル處アリタリ
註、四洮打通兩線給接續問題發生シタル當時會社ハ接續ヲ
默認セリ

（5. 4. 鮎川納）

490

(タイプ紙2號) 南滿洲鐵道株式會社

極秘

四洮打通連絡設備ノ件

(5. 4. 鮎川納)

194

南満洲鐵道株式會社　(タイプ紙2號)

四洮打通連絡設備ノ件

通遼ニ於ケル四洮打通南線連絡設備ノ件ニ關シテハ昭和二年十二月北京ニ於ケル京奉四洮連絡會議ニ於テ「四洮鐵道ノ出資ヲ以テ四洮通遼驛ヲ擴張シ連絡設備ヲナスヘキコト」ヲ議決シタリ

其後京奉、四洮、洮昂、齊克四路連絡運輸開始後ハ四洮通遼驛ヲ共同驛トシテ其ノ一部ヲ京奉側ニ貸與シタルカ狹隘ノ爲双方執務上不便ナルヲ以テ京奉側ヨリ屢驛舍ノ増築ヲ請求スル所アリタルモ其都度四洮側ニ於テ消極的態度ニ出テ未タ増築ヲ實施

(5. 4. 鮎川納)

スルニ至ラス
昭和五年六月ニ至リ京奉側ハ本件連絡設備ニツキ自案ヲ提示シテ四洮側ノ同意ヲ求メ来リタリ右ニツキ四洮派遣員ヨリ本社ニ稟請ノ次第アリタルヲ以テ之カ處理方ニ關シ總裁ニ經伺シタル處「元々打通線ノ敷設及通遼連絡施設問題ハ我方承認ヲ與ヘスシテ行ハレタル關係モアリ昭和二年十二月ノ北京協定ニ依ル連絡設備スラ認ムルコト能ハス従テ四洮局ヲシテ費用ヲ支出セシムヘキモノニアラス強テ先方カ實行セントスルナラハ成行ニ任セヨ」トノ御意見ナリシヲ以テ宇佐美會計處長ヲシテ四洮局長ニ對シ「打通線ニ付テハ外務省ハ今猶抗議ヲ持續シ居ル關係上連絡設備モ亦之ヲ承認セサル處ニシテ總裁ヨリモ承認不可能ナル旨指令アリタルニ付假令四洮局ニ於テ連絡設備ノ計畫ヲ為ス

（タイプ紙2號）南滿洲鐵道株式會社

モ之ニ要スル經費支出ニハ遺憾ナカラ會計處長トシテ連署シ得サル」旨言明セシムル處アリタリ

註、四洮打通兩線聯接續問題發生シタル當時會社ハ接續ヲ默認セリ

南滿洲鐵道株式會社

（タイプ紙1號）

打通線開通後ニ於ケル通遼發着貨物狀勢

（4. 1. 鮎川納）

打通線開通後ニ於ケル連運發著貨物狀勢

昭和四年十月　鐵道部渉外課調

一、打通線全通　昭和二年十月二十七日

一、同營業開始　同　年十一月十五日

(昭和二年中ニ於ケル狀勢)

打通線連運驛ニ發著スル貨物ハ取扱期間僅カ一ケ月餘ニ過キサリシト開通早々ノ爲未タ輸送諸設備整ハサリシニ因リ發送貨物ハ僅カ八四屯、到着貨物ハ七〇〇屯（内北票炭六〇〇屯雜貨一〇〇屯）ヲ輸送スルニ過キスシテ越年セリ

右ニ對シ四洮線連運驛發著貨物ハ終始順調ナル輸送ヲ續ケ地方的發送七七、六二四屯連絡發送六一、三八四屯計一三九、

〇〇八屯、地方的到着二八、〇一二屯連絡到着二二、四八六屯計五〇、四九八屯ノ成績ヲ挙クルニ至レリ月別輸送数量次表ノ如シ

民国十六年中四洮鉄道連絡発着貨物屯数（単位屯）

月別	発送 地方的	発送 連絡	発送 計	到着 地方的	到着 連絡	到着 計
一	一〇、一六三	九、〇八〇	一九、二四三	三、九〇四	二、六一三	六、五一七
二	九、五三七	七、一五八	一六、六九五	一、六四五	一、一三一	二、七七六
三	八、五九六	六、〇三五	一四、六三一	三、六九五	二、七一五	六、四一〇
四	一五、三四四	一〇、五二七	二五、八七一	二、一六八	一、六九一	三、八五九
五	一二、一五〇	八、五二八	二〇、六七八	一、三七八	九九一	二、三六九
六	七、二〇三	五、七〇一	一二、九〇四	一、五五五	一、〇七六	二、四〇九

南満洲鐵道株式會社

七	二,四六一	二,一九〇	四,六五一	一,三六七	一,〇六四	二,五五一
八	二,五四五	一,八一五	四,一五八	一,九〇〇	一,六七六	五,五七六
九	二,一〇〇	一,六五八	五,七五八	二,八四九	二,四九一	五,五四〇
一〇	六九七	四七六	一,一七五	五,七八五	二,五六一	六,五四四
一一	二,七三五	二,三八九	五,〇一五	二,五九五	二,三三四	四,八一九
一二	六,六三五	五,三四九	一一,九七五	二,五九五	二,三三五	四,八四八
計	七七,六三四	六一,五八四	一五九,〇〇八	二八,〇一五	三三,四八六	三〇,四九八

備考　本表數量中ニハ局用材料ヲ含マス

（昭和三年中ニ於ケル狀勢）

打通線通遼驛發着貨物狀勢ハ開通日猶淺キ爲取引關係圓滑ナラサルト京奉本線軍事輸送ニ因ル輸送力不足、輸出入港不備

（タイノ紙1號）　南滿洲鐵道株式會社

及運送輿地ニヘスト發生ノ爲九月中頃ヨリ月餘ニ亘ル營業中止等ノ諸事情ニ支配セラレ發送ニ於テハ大津、錦縣方面向高梁幾分荷動アリ到着ニ於テハ西安炭ヲ筆頭ニ八道濠、北票炭等ノ移入ヲ見タレトモ四洮線方面發着貨物ノ十分ノ一ノ成績モ舉クルコトヲ得ス新線ノ悲哀極ニ甚シク不振ノ狀態ニ於テ終始セリ各月別發着貨物噸數次ノ如シ

民國十七年中打通線通遼驛發送貨物噸數（單位噸）

品名 / 着驛 / 月別	穀類 大津	穀類 錦州	穀類 營口	穀類 打虎山	其ノ他	合計
一	一、三〇〇・〇			一六八	七・一	一、三三五九
二					一五八	一五八

（4.6. 四內納）

(タイプ紙1號)　南滿洲鐵道株式會社

三	三〇〇・〇	一七〇・〇			二二・八	三五・八
四	一、四〇〇・〇			三五〇・〇	一・九	一、六五一・九
五	一、〇七〇・〇	一、六五〇・〇		六〇・〇	六・〇	二、七八六・〇
六		一三〇・〇		一八〇・〇	一八〇・〇	五〇〇・〇
七		三〇〇・〇	一三〇・〇			四三〇・〇
八		九〇・〇	一八〇・〇		九〇・〇	三五〇・〇
九						
一〇		三五〇・〇	六・五	二六四・〇		六〇〇・五
一一		五〇・八	四〇〇・七	六・四	六四四・〇	一、〇一・九
一二		四七五・一	四一三・一	六〇・〇	一、一七五・五	二、一三三・七
計	二、九七〇・〇	二、八五五・九	一、四四三・八	五九九・五	二、四〇七・一	一一、〇七五・五

(4.6. 棚内納)

南滿洲鐵道株式會社 (タイプ紙1號)

品名 著轉 月別	家畜類 錦州	打虎山	打虎山以西	打虎山以東	打通沿線	合計
一					五九・七	五九・七
二		一一・〇			二一・六	三二・六
三		二〇・六			五三・四	七五・〇
四		二四・三			九五・五	一一九・八
五					五九・八	五九・八
六	七・二		二・四		一九・二	二八・八
七		六・二	一・〇		三五・五	四二・七
八		三二・〇	五・八		一八五・八	二二三・六
九					五〇・三	五〇・三

(タイプ紙1號)　南滿洲鐵道株式會社

品名　畜産品

月別＼着驛	錦州	打虎山	打虎山以西	打虎山以東	打通沿線	合計
一〇			一・四	三五・四	二八・九	六五・七
一一	一〇・五	五・八	一三・五		一〇〇・八	一二九・三
一二	五・八			七八・一	一〇〇・一	一八三・〇
計	二一・一	九〇・九	二一・一	一〇四・五	七七九・五	一〇一六・一
一					四・五	四・五
二	八・〇					八・〇
三	四六・〇	一・〇	五・〇		一三・九	六五・五
四	四七・七	六二・五	一二・〇		五・〇	一二五・〇

(4.6. 期内納)

南滿洲鐵道株式會社

五	二七・六	四・一			三一・七
六	一六・八	五・一		一・五	二三・四
七	二三・九		四・七		二七・六
八	二二・四	一・二	二・七		二六・三
九	一〇・六				一〇・六
一〇		四五・七		六・七	五二・四
一一	四・二		一九・八		二四・〇
一二	二六・六	六・四	四・八	五二・四	九〇・二
計	二四二・八	一二六・一	四七・〇	八〇・八	四九六・七

(タイプ紙1號)　　南滿洲鐵道株式會社

品名 月別番號	其ノ他 錦州	其ノ他 打虎山	其ノ他 打虎山以西	其ノ他 打虎山以東	其ノ他 打通沿線	其ノ他 合計	總計
一		五・七			二五・七	三一・四	一、三九九・五
二		二九・〇			六・七	三五・七	八三・一
三	一四・〇		七・〇		四三・一	六五・一	六九三・一
四	・五	一五・七	一・五		五一・三	五〇・〇	一、九四六・七
五		一・一			四四・〇	四五・一	二、九〇三・六
六		〇・四			二六・七	二七・一	五七九・一
七			一〇・三		二五・〇	三五・三	五三五・五
八					七・三	七・三	四一六・一
九					四・五	四・五	六五・五

(4.6. 堀内納)

一〇		四・〇			六・〇	一〇・〇	七二八・四
一一	二二・三	〇・五	五五・四		一九・一	六四・〇	一、三一九・一
一二	五・六	八・一	一六・一	六・〇	五八・七	九三・五	二、四八七・四
計	三〇・五	五四・五	六八・二	六・〇	二九七・〇	四五五・八	一五、〇四五・九

民國十七年中打通線通運驛到着貨物屯數（單位屯）

品名	綿		糸		布	合計
驛 / 月別	營口線	打虎山	打虎山以西	打虎山以東	打通沿線	
一		一・〇				一・〇
二	〇・一					〇・一

(タイプ紙1號)　南滿洲鐵道株式會社

三	四一・二	二・〇	一五・〇			五九・二
四	八・〇		〇・五			八・五
五	八・五	〇・四				八・九
六	四・五					四・五
七						
八						
九	三二・七					三二・七
一〇						
一一	二・〇				〇・五	二・五
一二	一五・五					一五・五
計	八五・五	四・四	一五・五		〇・五	一〇五・九

(4.6. 堀内納)

南滿洲鐵道株式會社

（タイノ紙1號）

品名 月別 番號	營口線	打虎山	打虎山以西	打虎山以東	打通沿線	合計
一	〇・二	二・四			一五・二	一八・八
二					一五・〇	一五・〇
三	〇・七				三五・二	三五・九
四	九・八		一・三		九・二	二〇・三
五	九・七		〇・九		〇・八	一一・四
六	一〇・九		五・七		六・五	二五・一
七	一三・六		三七・五		一九・五	七二・三
八	〇・九	〇・六	二二・一		一九・九	四五・五
九	二・一		二・五		四・五	九・九

（品名：鮮貨）

（4.6. 堀内納）

月別＼品名	石炭 北票	八道濠	西安	梅西	其ノ他	合計
一〇	九・〇	二・〇	八・二		一五・四	三三・六
一一	七・九		六・八		三六・七	五一・四
一二	一二・八		二六・〇		五一・〇	七九・八
計	七九・六	六・〇	一二一・七		二〇四・五	四一一・八
一		七・五				七・五
二	一八〇・〇	六・五			四・五	一九一・〇
三	六〇・〇					六〇・〇
四						
五						

(タイプ紙1號)　南滿洲鐵道株式會社

品名	着驛別	六	七	八	九	一〇	一一	一二	計	一
其ノ他	營口線								二四〇・〇	
	打虎山						二〇〇・〇	六六〇・〇	八七四・〇	一・六
	打虎山以西		七三〇・〇						七三〇・〇	一・八
	打虎山以東						七二〇・〇	一九五〇・〇	二六七〇・〇	
	打通線	九〇・〇							九四・五	六・六
	合計									八・〇
總計		九〇・〇	七三〇・〇				九二〇・〇	二六一〇・〇	四五九八・五	三五・五

(4.6. 堀内納)

(タイノ紙1號)　南滿洲鐵道株式會社

二		二・三				二・三	二〇八・四
三	三・三	四八・七	二九・〇		九九・五	一八〇・七	三三三・八
四	〇・六	二三・〇	一〇七・二		三・四	一六四・二	一九二・九
五	二・六	五三・五	三二・三		四七・一	一三五・五	一五五・八
六	〇・三	一・六	〇・三		八・一	一〇・五	一二八・一
七							七九二・二
八					一二・〇	一二・〇	五五・五
九	一八一・三				三・三	一八四・五	一九八・一
一〇		二八・六	四三・七	二四・七	五一・〇	一四八・〇	一八〇・六
一一	一〇四・〇		一六九・九		一九・一	二九三・〇	一二六六・九
一二	二六五・四	三七・二	一三九・三	三二・〇	六九・五	五四五・四	三二四八・一
計	五五七・六	一九三・七	五三・五	五六・七	三一九・六	一六八二・一	六七九六・三

(4.6. 堀内納)

南滿洲鐵道株式會社　（タイプ紙1號）

右ニ反シ四洮線通遼驛ニ於テハペスト發生ニ對シテモ大シタ影響ヲ蒙ラス前年ヨリ一層ノ好成績ヲ以テ越年セリ月別輸送數量次表ノ如シ

民國十七年中四洮線通遼驛發着貨物屯數（單位屯）

月別	發送 地方的	發送 連絡	發送 計	到着 地方的	到着 連絡	到着 計
一	六、二四八	五、三八一	一一、六二九	二、四二五	二、〇四五	四、四七〇
二	七、七七五	五、七〇〇	一三、四七五	九六五	六五八	一、六二三
三	一三、八一六	九、四五八	二三、二七四	三、三九〇	二、五三九	五、九二九
四	一〇、四九九	八、〇五三	一八、五五二	二、一〇五	一、五六三	三、六六八
五	八、七二〇	五、九七五	一四、六九五	二、三九二	一、三五八	三、七五六
六	五、八六八	九四三	六、八一一	一、三六二	九五二	二、三一四

（4.6. 堀内納）

七	三六四九	二九六五	[illegible]	[illegible]	六五八	二七九〇
八	二五七八	二七五九	三一一五	二八九九	二三四四	三五四五
九	三四六一	八九〇	六五五一	四一七六	二九五七	六一一五
一〇	四四六七	二〇五七	三五〇四	[illegible]	三七四七	六九三四
一一	一四三九八	三〇五〇	一七五三八	三三三三	三三一四	五五五七
一二	一二〇五一	八〇〇八	二二〇三七	四四七九	三五八九	八〇六八
計	五六三〇六	五二一五七	一四八六五三	五二七三一	二二七八五	三三五〇四

備考　本表數料中ニハ局用材料ヲ含マス

（昭和四年上半期中ニ於ケル狀勢）

打通線通遼驛發着貨物狀勢ハ本年ニ入リテ稍活氣ヲ呈セリ卽チ發送ニ於テハ穀物就中灤縣綏中方面行高粱ノ荷動活潑ニシ

テ毎月總數二千噸ヲ下ラス營口送高粱及大豆輸送又相當見ルヘキモノアリ殊ニ注目ニ値スヘキハ打通線開通以來嘗テ其ノ例ナカリシ奉大皇姑屯輸送高粱カ四月及五月ノ兩月間ニ二千五百餘屯輸送セラレタル事實ナリトス其ノ他中國人向蒙古土產ノ天然曹達「土鹼」ノ輸送相當繁盛ナリシモ數量ハ大ナラス又家畜及畜產品輸送ハ不振ナリキ到着ニ於テハ北票、八道濠及梅西ヨリ一、二、三ノ三ケ月間ハ每月一千餘噸ノ輸送アリタルモ其ノ後ノ需要ナキ爲杜絕セリ其ノ他輸入雜貨ハ營口經由群ヲ拔キ每月平均四百五十噸一ケ月最大八百噸ヲ示セルハ五月以降突如現ハレシ奉天發雜貨（五月中約百噸、六月中約三十噸）ト共ニ注意ヲ惹ケリ

之ヲ要スルニ打通線通遼驛ニ於ケル貨物集散狀態ハ未タ不振

南滿洲鐵道株式會社　(タイノ紙1號)

乍ラモ前年同期ニ比スレハ四倍弱ノ増加ヲ示シ發送ニ於テハ四洮線通遼驛發送ノ約半數、到着ニ於テハ三分ノ一ノ成績ヲ擧クルニ至レリ就中從來奉天ヲ經出シテ京奉線錦州天津方面ニ向ヒツツアリシ高粱其ノ他ノ食糧穀物ハ附表(一)ニ示スカ如ク本年ニ入リテ俄然減少シテ之ニ代ルニ打通線通遼ヨリ該地方ニ發送サルル穀類多ク又營口驛發輸入雜貨數ハ附表(二)ニ示スカ如ク社線營口驛發四洮線通遼驛着輸入雜貨ヲ遙ニ凌駕スルニ至レリ

月別輸送數量次表ノ如シ

(4.6. 堀内納)

民國十八年上半期中打通線沿線各驛發送貨物噸數（單位噸）

品名	穀類					計
月別／驛	奉天	錦州	營口	打虎山	其他	
一月	—	八八.九	一,四三八.八	六三.三	一,八八七.七	三,四六八.六
二月	—	二七八.三	九四一.九	三.四	九三一.三	二,一五四.九
三月	二七八.〇	一三五.一	一,〇一八.三	八三.〇	二,六七六.六	四,一八九.九
四月	三九〇.〇	一八三.〇	九一五.〇	七八.〇	二,一七三.六	三,七六五.六
五月	三〇.〇	二一〇.〇	三,〇四.〇	一二八.〇	七,三〇八.〇	六,六三.〇
六月	—	一三〇.〇	二〇三.〇	一八八.〇	五,三四五.〇	五,九六五.〇
上半期計	六九〇.〇	一,〇三四.四	六,〇九.九	五五三.六	二〇,三三一.一	二六,三〇六.〇

（4.6. 堀内納）

(タイプ紙1號)　　南滿洲鐵道株式會社

品名 / 着驛別 / 月別	家畜類 錦縣	打虎山	打虎山以西	打虎山以東	打通沿線	計
一月	－	－	－	－	八・二	八・二
二月	－	－	－	一五・三	一六・八	三二・一
三月	－	－	－	－	三八・一	三八・一
四月	－	－	－	－	一五・九	一五・九
五月	－	－	－	－	－	－
六月	－	－	－	－	－	－
上半期計	－	－	－	一五・三	七九・〇	九四・三

(4.6. 堀内納)

(タイプ紙1號)

南滿洲鐵道株式會社

品名・驛／月別	畜産品 錦縣	畜産品 打虎山	畜産品 打虎山以西	畜産品 打虎山以東	畜産品 打通沿線	計
一月	一九・八	二・三	二一・八	一四・七	九・六	六八・二
二月	三・九	—	—	二・一	一〇・七	六・六
三月	一七・五	—	四七・四	一・三	—	六六・二
四月	一五・五	—	二九・九	—	—	四五・四
五月	—	—	—	—	—	—
六月	—	—	—	—	—	—
上半期計	五六・六	二・三	九九・一	一八・一	一〇・三	一八六・四

(4. 1. 鮎川納)

南滿洲鐵道株式會社

(タイプ紙1號)

品名 / 着驛 / 月別	其ノ他 錦縣	其ノ他 打虎山	其ノ他 打虎山以西	其ノ他 打虎山以東	其ノ他 打通沿線	其ノ他 計	總計
一月	二九・九	—	九八・二	—	一三・九	一四二・〇	三六八七・〇
二月	—	—	一・二	—	六・一	七・三	二一〇〇・九
三月	六・一	三・六	七六・九	—	五八・九	一四五・五	四四五九・七
四月	一二・九	三・一	五四・二	—	六二・二	一三二・五	三九五九・四
五月	七・〇	—	九八・五	—	一八〇・六	二八六・一	九九四八・一
六月	—	—	六〇・〇	一〇・六	四三・五	一一五・九	六〇七八・九
上半期計	五五・九	六・七	三八九・〇	三六五・一	八二七・五	一〇・六	三〇二三四・〇

(4. 1. 鮎川納)

南滿洲鐵道株式會社

（タイプ紙1號）

民國十八年上半期中打通線通遼驛到著貨物總數（單位噸）

品名	綿糸布					計
着驛／月別	營口線	打虎山	打虎山以西	打虎山以東	打通沿線	
一月	六・〇	—	—	—	—	六・〇
二月	二・四	—	—	—	—	二・四
三月	七・〇	—	—	—	—	七・〇
四月	四・〇	—	—	—	—	四・〇
五月	二二・〇	—	—	一〇・五	—	三二・五
六月	—	—	—	一・四	—	一・四
上半期計	四一・四	—	—	一一・九	—	五三・三

（4.1.鮎川納）

(タイプ紙?號)

南滿洲鐵道株式會社

驛名 / 月別 / 品名	鮮貨 營口線	鮮貨 打虎山	鮮貨 打虎山以西	鮮貨 打虎山以東	鮮貨 打通沿線	計
一月	四九・九	—	八・三	—	四六・〇	一〇四・二
二月	二五・一	—	—	—	一〇五・九	一三一・〇
三月	二一・〇	—	一二・一	—	六五・一	八八・二
四月	二一・三	一・二	四二・〇	—	六六・六	一三一・一
五月	三一・八	二六・六	二二〇・四	八・二	一三四・一	四二一・一
六月	一・〇	九・四	九五・〇	—	五三・八	一五九・二
上半期計	一五〇・一	三七・二	二七七・八	八・二	四三一・五	一〇〇四・八

(4. 1. 鮎川納)

南滿洲鐵道株式會社

(タイプ紙1號)

品名 / 月別 / 着驛	石炭 北票	石炭 八道濠	石炭 西安	石炭 其他	計
一月	四四〇・八	三七〇・〇	三六〇・九	—	一、一七一・七
二月	六六〇・〇	二三〇・〇	—	—	八九〇・〇
三月	一、三八〇・〇	三六〇・〇	—	—	一、七四〇・〇
四月	三〇〇・〇	九〇・〇	—	—	三九〇・〇
五月	—	—	—	—	—
六月	—	—	—	—	—
上半期計	二、七八〇・八	一、〇五〇・〇	三六〇・九	—	四、一九一・七

(4. 1. 黠川納)

(タイプ用紙1號)

南滿洲鐵道株式會社

月別 \ 驛名 \ 品名	其ノ他						
	營口線	打虎山	打虎山以西	打虎山以東	打通沿線	計	總計
一月	七三八・七	三八・八	一六九・一	一三〇・〇	二〇・八	一、〇九七・四	二、五七九・五
二月	三五一・三	七・八	四二・三	—	八・二	四〇九・六	一、四五五・〇
三月	三一五・〇	二三・五	五八・一	五・〇	二七・一	四二八・七	二、三六五・九
四月	三一〇・二	二四・四	一一二・八	—	三四・〇	四八一・四	九九六・五
五月	五二五・六	五四・〇	四三八・〇	一〇一・九	一二五・二	一、二四四・七	一、六九八・五
六月	二四七・五	一四・二	一一・九	五三・五	五八・八	五六七・七	五〇八・五
上半期計	二、五〇六・一	一五六・七	八五三・二	二六〇・四	二七四・一	四、二二九・五	九、三七九・五

(4. 1. 鮎川納)

次ニ西洮線通遼驛ニ於ケル發著貨物ノ狀況ヲ見ルニ三月下旬ヨリ二旬餘ニ亘ル水害不通ノ爲多大ノ打撃ヲ蒙リタレトモ其ノ他ノ月ハ發著トモ概シテ良好ナル輸送ヲ續ケタリ然レ共前年同期ニ比シ發送ニ於テハ約三萬屯ノ減少ヲ見、到着ニ於テハ約五千屯ノ増加ヲ示セリ

月別輸送數量次表ノ如シ

南満洲鐵道株式會社

民國十八年上半期中西洮線運送驛發着貨物噸數（單位噸）

月別＼種別	發送 地方的	發送 連絡	發送 計	到着 地方的	到着 連絡	到着 計
一	一四、六六八	七、八七二	二二、五四五	三、五一一	二、五四六	六、〇五七
二	七、八四〇	二、六六九	一〇、五〇九	二、八二〇	一、一九五	四、〇一五
三	三、二九四	四五一	三、七四五	二、〇五九	三、〇五一	五、〇七〇
四	四、一三六	三、三八四	七、五二〇	一、六〇六	一、八八一	三、四八七
五	七、二九六	二、六八九	九、九八五	二、五七一	二、〇一四	四、五八五
六	四、五九四	四九九	五、〇九三	二、一五一	一、八一六	三、九六七
計	四一、八二八	一七、五六七	五九、三九五	一四、六七八	一二、三八一	二六、九五九

備考　六月分ハ概算トス

（タイプ紙１號）

附表（一）

京奉線向高粱輸送數量表

（單位米噸）

社線發皇姑屯著數量

年度	一	二	三
開原	一九一一七	五二七〇一	一六九六五
四平街		二九七五	二五〇八
長春	二七〇六	六三〇四	八七四〇
其他	二五九〇五	五二九〇七	一二七五八
計	四七七三八	七七七八五	五六九七一

皇姑屯發京奉線著數量

年度	一	二	三
錦縣	二五八八四	五二〇八五	一六九六三
溝帮子		四五七九〇	一六九二八
山海關	四六〇一〇	七〇三三六	四二六六八
天津	四五〇〇〇	七〇六八七	一五一七八
河北		六〇五八	四六三〇
其他	八四四〇四	九六三四	四九一五八
計	三〇一三九八	五三〇六六八	一四五五〇四

南滿洲鐵道株式會社

（タイプ紙）號

附表（二）

昭和四年上半期中營口發通遼着貨物數量兩徑路月別比較

（單位屯）

月別	一	二	三	四	五	六	半期計
社線營口發四洮通遼着	二一九・四	四〇・四	二〇〇・〇	一八七・二	二六二・五	二二三・三	一一三二・八
京奉營口發打通通遼着	八一四・六	三七八・八	三三一・〇	四二五・五	五七九・四	二四八・三	二七七七・六
差額	五九五・二	三三八・四	一三一・〇	二三八・三	三一六・九	二五・〇	一六四四・八

（4.1. 鮎川納）

借款鐵道係

四洮線四平街驛建設ニ關スル件

一、大正十三年奉楡局長（第一次奉直戰後張作霖ノ設立セル京奉線奉天山海關間管理局）ヨリ四洮局長ニ對シテ共同工場設置ノ提案アリシカ局長ハ巨額ノ資金ヲ費シテ自線ノ自由ニナラサル工場ヲ建設セムコトヲ欲セサリシト、行々ハ車輛等モ自給セムカ爲工場新設ノ意圖アリシカハ之ヲ拒絶セリ

二、大正十四年七月十二日局長ハ中村技師長ニ對シ滿鐵四平街驛ヲ距ル二哩附近ノ地ニ四洮線四平街驛ヲ建設スヘキニ付之ニ關スル諸種ノ設備例ヘハ驛本家乘降場機關車庫給水設備等一切ノ計畫ヲ爲スヘキコトヲ示達セリ

庶務部長ハ右報告ニ接シ技師長ニ對シ右ハ奉天側又ハ交通部

(155—4)　南滿洲鐵道株式會社

何レノ發案ニ基クモノナリヤソレトモ局長ノミノ計畫ナリヤヲ問合セタルニ技師長ハ八月十三日出社ノ際命令ノ出處ハ支那側ノ事故不明ナルモ恐ラク局長ノ發意ニテ計畫完了後奉天省長又ハ交通部ニ申請スル積リナルヘシト語レリ

（此際何等抗議ヲ提出セサリシカ如シ？）

三、四洮局ニ於テハ大正十五年事業費豫算ニ百萬圓ヲ計上シ交通部ノ認可ヲ受ケタリ

事業費ノ調達ニ關シテハ短期借款利子二百八十八萬圓ノ内百萬圓支拂後ノ百八十八萬圓ヲ以テ充當セムコトヲ申出テタリ

（別紙第一號）　会社ハ短期借款更改ヲ條件トシテ承諾セリ

四、昭和二年三月十九日四洮代表由利ヨリ新驛ヲ附屬地東方ニ變

(2. 9. 堀内商店納)

更ノ件ニ關シ總務處長ヨリ滿鐵ニ意向問合方依賴アリタル旨報告アリタリ（別紙第二號）

五、進行程度

大正十五年停車場敷地買收

〃　十六年九月プラットホーム完成

〃　　十一月給水塔完成（但シ水井未設）

昭和三年四月機關庫起工

〃　　十月同完成ノ見込

　　　　驛ノ地均工事未完成

昭和四年度中ニ全部完成ノ見込

現在迄ノ支出經費總額　二三〇、〇〇〇圓

(2.9. 堀内商店納)

(155—4)　南満洲鐵道株式會社

四洮局側ニ於テハ新驛建設ハ満鐵代表ニ於テ承認シ満鐵ニ於テモ何等反對ノ意思ヲ表示セル處ナキヲ以テ當然承認セルモノナリトノ見解ヲ持シ居ル由

六、四平街邦人死活問題ナリトシテ寄々協議中ナリトノコトナリ

特急名れら

(2.9.堀内商店納)

(タイプ紙1號) 南滿洲鐵道株式會社

四鄭公債利息英米貨拂爲替差損ニ關スル件

(5. 11. 鮎川納)

（タイプ紙1號）南滿洲鐵道株式會社

四鄭公債利息英米貨拂爲替差損ニ關スル件

一、問題ノ性質

正金銀行ハ大正十三年ヨリ十四年ノ間數回ニ亘リテ公債所持人ノ請求ニ依リニユヨルク及ロンドンニ於テ夫々公債面所載ノ其ノ地通貨ヲ以テ利息ヲ支拂ヒタル結果總額金換算八千五百八十七圓八十五錢ノ爲替差損ヲ生シタリ正金ハ右ハ支拂側ノ負擔ト爲シ十四年十二月四洮局ニ其ノ支拂方請求セリ

右請求ニ對シ四洮局ハ右爲替差損ハ正金ノ負擔スヘキモノトシテ支拂ヲ拒否セリ

（註）四鄭公債ハ金額日本ニ於テ實行サレタルカ圓爲替ノ

（5. 11. 鮎川納）

南滿洲鐵道株式會社 (タイプ紙1號)

下落ヲ利用シ公債所持人カ同公債ヲ英米ニ持出シタルカ爲ニ本件紛爭ヲ惹起スルニ至レリ

三、關係規定

(1) 四鄭借款契約第二十四條、銀行ハ本公債ノ流通ニ便ナラシムル爲證書ニ額面金額相當ノ一定英貨額佛貨額又ハ米貨額ヲモ記載シ並日支兩國語ノ外英語又ハ佛語ヲ以テ之ヲ印刷シ且ロンドン、パリー又ハニユヨルクヲ本公債元利金支拂地ト爲スコトヲ得

(2) 四鄭借款契約第七條、政府ハ銀行ヲ本公債事務ノ取扱者ニ指定シタルニ付本契約附表ノ金額ニ從ヒ各期日十四日前ニ元利金ヲ銀行ニ交付スヘシ

(ヨ. 11. 鮎川納)

南滿洲鐵道株式會社　(タイプ紙1號)

(3) 四鄭借款契約第一條、政府ハ銀行ニ五分利付政府金貨公債五百萬圓ヲ發行スルノ權限ヲ付與ス

(4) 歐米ニ於テ公債元利支拂及公債發行ニ關スル件往復文書第六、契約第二十四條ニ依ル公債面所載ノ英米佛各國貨額ハ前後借款ノ例ニ倣ヒ日本金百圓ニ付英貨十ポンド四志二片米貨四十九ドル六十五仙、佛貨貳百五十七フラン半トス

(5) 元利金支拂方ニ關スル手續書第二項、本公債ノ元利金ヲ横濱正金銀行ロンドン支店又ハニユヨルク出張所ニ於テ支拂ヒタルトキハ其ノ代リ金ヲ當日ノ日本向一覽拂爲替買相場ヲ以テ換算シ之ヲ本店ニ付替ルモノトス

(6) 同手續書第三項、前項ノ場合ニ於テ本公債元利金支拂公定相

(5.11.鮎川納)

（タイプ紙1號）南滿洲鐵道株式會社

場ト其ノ代リ金ヲ本店ニ付替フル實際相場トノ差益ハ四鄭鐵道局ニ歸屬ス

(7)元利金支拂手續ニ關スル劉代理公使及正金銀行間ノ往復文書（附屬第四號）

三、兩者ノ主張並交涉經過

前顯正金ノ請求ニ基キ由利會計處長ハ局長ニ之カ支拂方勸告シタルカ局長ハ交通部ヨリ「四鄭公債元利支拂ハ日本金ヲ以テスルコトハ借款契約第七條ニ明瞭ニ規定シアリ任意ニ日英米貨ノ中一ヲ選ヒ支拂フ語ナシ第二十四條ノ規定ハ單ニ公債ヲ流通セシムル爲ニ便ニシタルニ過キス之ニ依リ第七條所定ノ日貨ヲ以テ支拂ヲ爲スノ原則ヲ變更スルコトトナラス正金

（5. 11. 鮎川納）

南滿洲鐵道株式會社　(タイプ紙1號)

ノ要求ハ不合理ナルヲ以テ之ヲ拒絶スヘシ」トノ指令（附屬第一號）アリタリトテ支拂ヲ肯セサル爲會計處長モ單獨ニ支拂フ權能ナキヲ以テ正金ヨリ直接交通部ニ交渉スル樣申述ル所アリ正金ハ右ニ對シ十四年三月重ネテ「本件爲替差損ハ元利支拂ニ關スル手續第三項ノ規定ニ依リ四洮局ノ負擔トナルヘキコト明ナルカ故支拂方配慮アリタシ」ト申送リタルヲ以テ會計處長ハ更ニ局長ニ支拂ノ止ムヲ得サル旨勸告シタルモ局長ハ交通部カ前ノ指令ヲ取消スカ或ハ新ニ支拂ノ指令ヲ發スルカ何レカニ依ラサルヘカラサル旨主張シ交通部ニ申請セリ

同年五月正金ハ會社ニ對シ支拂側ニ對スル交渉方ヲ依頼シ越

(5. 11. 鮎川納)

南滿洲鐵道株式會社 (タイプ紙1號)

セリ仍テ會社ハ五月二十七日局長宛ニ「手續書第二項及第三項ニ省ミ當然四洮局ノ負擔ニ歸スヘキモノナルカ故ニ正金ノ請求通リ支拂アリ度」旨（附屬第二號）申送リタルカ局長ハ依然交通部ノ指令ヲ楯ニ會社ノ申出ヲ承認セス若シ會社ニ於テ意見アラハ直接交通部ニ交渉アリ度ト回答シ來リタルヲ以テ會社ハ交通部ニ交渉セリ然ルニ交通部ハ六月二十三日四洮局ニ對シ「前令通リ支拂ヲ拒絶スヘク又手續書ハ正金ノ一方的表示ニシテ且ツ契約第七條ノ精神ニ反スル所アルニ因リ承認シ難シ以上ノ趣旨ニテ正金ニ回答スヘキ」旨再度指令ヲ發シタリ（附屬第三號）右交通部ノ指令中手續書ハ正金ノ一方的表示ナリト云フハ蓋シ正金ハ手續書作成ノ上大正五年六月

(5. 11. 鮎川納)

南滿洲鐵道株式會社　(タイプ紙1號)

七日附ヲ以テ之ヲ在東京支那代理公使宛ニ送リ承認ヲ求メタル處六月八日附同代理公使ノ回答ニ「・・・・還付手續既悉一切另附手續書亦已照收・・・・・」トアリ（附屬第四號）支那側ハ右字句ハ單ニ閲讀シタル意ニシテ承諾ノ意味ヲ有セスト解釋スルカ故ナリ

其ノ後北京公所長ヨリ交通部ニ解決方督促シタル結果大正十五年六月二十一日ニ至リ交通部ハ四洮局ニ對シ「本件ハ辯護士林行規ヲシテ研究セシメタルカ到底支拂ノ責ヲ免ルル途ナシトノ意見ナリ已ニ法理上ノ根據頗ル薄弱ニシテ相當讓歩セサルヘカラサル以上速ニ解決シ結果報告スヘシ」トノ指令（附屬第五號）ヲ發シ同時ニ其ノ旨公所長ニ通知シ來リタリ。

(5. 11. 鮎川納)

然ルニ交通部ノ指令ニ接シタル四洮局長ハ本件ヲ承諾セハ將來引續キ同種ノ要求アルヘク豫定セサル損失極ル所ナク到底負擔力ナシトシ手續書ハ支拂ノ根據トナスコトヲ得サル旨ノ理由ヲ附シ七月廿日支拂拒絶ノ呈文（附屬第六號）ヲ交通部ニ送付セリ會計處長ハ正金ヨリノ督促ニ基キ支拂方勸告シタルモ交通部ノ同調ヲ俟テ更ニ商議スヘシトシテ容易ニ應諾セス依テ會社ハ北京公所長ニ訓令シ「本件ハ交通部モ明ニ四洮局負擔タルコトヲ已ニ認メ居リ且事理明白ナルノ問題ニツキ銀行團ノ信用ヲ害スルコトハ支那政府並四洮局ノ爲執ラサル所ナルニ付交通部ヨリ更ニ明確ナル支拂命令ヲ發スル樣」交渉セシメタル處交通部ハ前掲局長ノ呈文アリタル爲カ從來ノ態

（タイプ紙1號）南滿洲鐵道株式會社

度ヲ變更シ公所長ニ對シテ九月二十二日「本件ハ局將來ノ損失頗ル大ナルモノアルニ鑑ミ交通部ニ於テモ改正スヘキ點アルヲ認メ已ニ同局ニ滿鐵ト協議スル樣命令シタリ」ト回答シ來レリ而シテ四洮局長ハ將來ノ損失ヲ免ルル爲契約條件及公債利札或ハ支拂手續書ヲ改訂スルニ於テハ從來ノ差損ニツキ讓歩スヘシ」トノ交通部命令ニ同意シタルヲ以テ會計處長ヨリ正金ニ申入レタルモ正金ハ不條理ナリトテ應諾セス

昭和二年五月ニ至リ北京公所長ヨリ更ニ交通部ニ交渉シタルモ交通部ハ六月卅日單ニ「本件ハ四洮局ヨリ直接貴社ニ打合スル樣命令シ置キタリ」ト回答シ來リ八月二十二日局長ハ從來ノ經過ヲ繰返シ交通部ヨリ會社ト協議スヘキ旨ノ指令アリ

（5.11. 鮎川納）

タルモ到底支拂方承認シ難シト申來レリ（附屬第七號）
越テ昭和二年六月廿一日正金ヨリ會社ニ對シ既ニ盧局長モ更迭シタルコトトテ同局ノ態度ニモ變更アルヘシトテ本件督促方依頼アリ依テ會社ハ七月四日附ヲ以テ周局長ニ右ノ趣申送ルト共ニ由利元會計處長ヲ四平街ニ出張セシメ宇佐美會計處長ト共ニ本件解決方ニツキ局長ト懇談セシメタル處其際周局長ハ「本件ハ交渉ノ經過ヲ見ルニ法理上鄭局ニ於テ支拂フヘキモノト認ムルモ之ヲ正式ニ承認スルトキハ將來否現在ニ於テモ公債面所載ノ相場ト實際爲替相場トノ間ニ約五弗ノ開アルヲ以テ公債元利ヲ米貨ヲ以テ請求セラルル虞アリ而テ右相場差額多クナレハナル程本局ノ損失モ増大シ殊ニ元金ノ償還

（タイプ紙1號）南満洲鐵道株式會社

ニ際シテハ非常ナル多額ニ上ルヘシ斯ノ如キハ目下弊局ノ財政状態窮迫セル上ニ更ニ意外ノ負擔ヲ増シ憂心ニ堪ヘス依テ將來右差額ハ弊局ニ於テ負擔セサルコト即チ正金銀行ニテ英米貨公定相場ヲ以テ公債元利ヲ支拂ハサルコトヲ條件トシテ御要求ニ應シ度ク此ノ點ハ如何ナル形式ニ依リ決定スヘキヤ弊局ニ於テ研究スヘキコトハ勿論ナルモ尚貴社若ハ貴社ト正金銀行ト御協議ノ上充分御研究ヲ願度シ尚今回支拂フヘキ立替額ニ付テハ右金額ノ利息ヲ漠然ト請求シアルモ利率ノ記載ナキカ出來得ル限リ低減スルコトニ御盡力願度シ」ト語ル處アリタルヲ以テ右ノ邊正金ニ取次タル處正金ヨリハ七月十八日「局長ノ言分ハ其ノ立場上無理カラヌコトトハ思考スルモ

(5. 11. 鮎川納)

英米貨拂ノコトハ公債面記載ノ約款ナレハ四洮局ニ於テ之カ變更ヲ聲明スルコトハ公債所持人ノ權利ヲ侵害スルコトトナリ穏當ナラサルハ勿論又支拂取扱者タル正金カ公債面記載ノ約款ノ變更ナキニ不拘四洮局ニ對シ英米貨支拂ヲナササルコトヲ言明スルハ尚更妥當ナラサルヲ以テ局長カ滿足スル表面上ノ工夫ヲ發見スルコト到底出來難キモ過去四年間ノ正金ノ取扱振ニヨリ將來ヲ推考シ滿足セラルル外ナク尚日本ノ金輸出解禁ヲ見ル場合ニハ本件ハ自然解決スヘキニ付旁將來ノ事ハ今日問題ニセストモ實際上差支ナカルヘシ尚利率ノ點ハ局長折角ノ申出モアルコトナレハ年五分ニスヘシ」ト回答シ來レリ（附屬第八號）依テ會社ハ宇佐美會計處長ヲシテ右ノ趣

局長ニ傳ヘシムルト共ニ「本件差額ヲ四洮局ニ於テ負擔スヘキ義務アルコトハ契約上當然ノ事理ニシテ右ハ既ニ發行セラレタル四鄭公債ノ具有スル性質ナレハ支那政府及取扱者タル正金銀行ノ意思ノミニ依リテ其ノ性質ヲ變更スルコトハ絶對ニ不可能ナリ随テ局長ノ希望スルカ如キ將來ノ危險防止ヲ正金ニ保證セシムルコトハ不可能ヲ強制スルモノニシテ正金銀行ニ對シ甚酷ニ失スルノミナラス不當ノ要求ナルニ付局カ將來ヲ懸念スルナラハ本件ニ關シ將來發生スヘキ爭議ハ局ト公債所持人ト直接交渉スヘキニ付將來英米貨拂ニ依ル爲替差額ノ支拂ヲ停止スル様局ヨリ銀行ニ通告スルヨリ外方法ナシ何レニシテモ既ニ支拂タルモノハ將來ノ問題ト切離シ支拂フ様」

南滿洲鐵道株式會社 (タイプ紙1號)

申入レタリ（附屬第九號）

以上兩者ノ主張並解釋ヲ要約スレハ左ノ如クナルヘシ

支拂側ノ主張

(1) 借款契約第一條第七條ニ依リ本公債ハ原則トシテ圓公債ナリ

(2) 元利金支拂手續書ハ單ニ正金ノ申込ニテ支拂側ハ未タ之ニ同意シ居ラス隨ツテ支拂側ハ之ニ拘束セラルル理由ナシ

正金ノ主張

(1) 本公債ハ圓公債ナルト同時ニ第二十四條ニ依リ一定英佛米貨額拂ナルコト

(5 11. 鮎川納)

南満洲鐵道株式會社　(タイプ紙1號)

(2) 元利支拂手續書ニ支那側ハ同意シ居レリ

備考

本件ニ關スル兩者ノ見解ハ明瞭ニ對立相違シ居ルカ故ニ今後如何ニ文書ヲ以テ應酬スルモ結局水掛論ニ終ルヘキコトハ前記交渉經過ニ顧ミテ明白ナルコト又盧局長ハ自ラ頑強ニ反對セシノミナラス舊交通部ヲ宰制シタル爲メ本件解決ヲ一層困難ナラシメタルカ盧氏ハ現在交通委員會ノ要職ニ在ルニ鑑ミ本件ノ單獨解決ノ方針ヲ改メ他ノ案件解決ノ機會ヲ利用スルヲ得策ト思惟ス

(5. 11. 鮎川納)

南滿洲鐵道株式會社 (タイプ紙1號)

附屬第一號

(譯文)交通部指令第四一四號

查スルニ四鄭公債ハ金幣借款ニ屬スルヲ以テ須ク金幣ヲ以テ元利ヲ償還スヘシ借款契約第七條ニ日幣ヲ以テ元利ヲ支拂フコト甚タ明瞭ニ規定シアリ附表ニモ亦日幣ヲ列記シ任意ニ日英米三國々幣ノ一ヲ選ンテ支拂フ語ハ一切之無シ故ニ從來毎回利子ノ支拂皆契約ニ照シテ處理シ誤ルコト無シ第二十四條ニ記載セルコトニ至リテハ純粹ニ公債ヲ流通セシムル爲メニ公債面ニ歐米文字及歐米貨幣換算數ヲ附加シテ以テ歐米人ヲシテ容易ニ購買セシムルニ便スルノミ之公債ヲ流通セシムル問題ニシテ條文ノ意義極メテ明白ナリ之ニ依テ第七條ニ記載スル處ノ日幣ニテ元

(5.11.鮎川納)

南滿洲鐵道株式會社　（タイプ紙1號）

利ヲ還付スル原則ヲ變更スルコトトナラス又斷シテ中國政府ヲシテ歐米國幣ニ變更シテ元利ヲ還付セシムヘキ解釋ト認ムル能ハス本部ハ唯契約ニ準據シ第七條ニ按シ日本ニ於テ日幣ヲ以テ還付スヘキ日幣ノ數額ノミヲ計算支拂フヘシ正金銀行ノ紐育ニ於テ米貨ヲ以テ利息ヲ支拂フ爲替差額日幣四千九百十七圓六十一錢ヲ支拂フヘシトノ要求ハ實ニ不合理ナリ須ク完全ニ拒絶スヘシ

中華民國十四年一月七日

交通總長　葉恭綽

（3. 12.光明納）

附屬第二號

庶庶借第一二號

大正十四年五月廿七日　　社　長　名

四洮鐵路局長　盧景貴　宛

四鄭鐵道公債利札米貨支拂爲替差額ニ關スル件

拜啓　四鄭鐵道公債利札米貨拂代リ圓金額ト利札面金額トノ差額ノ件ニ付弊社ニ於テハ横濱正金銀行ヨリ同封別紙寫ノ通大正十四年五月七日附第一四／二〇號ヲ以テ貴局ヨリ同爲替差額ノ御支拂ヒヲ受クル様手續ヲ執ラレ度旨依頼ニ接シ候接スルニ同爲替差額ハ同封別紙支那政府五分利附四鄭鐵道公債元利金支拂方ニ關スル

南滿洲鐵道株式會社　(タイプ紙1號)

手續書第二項ニ本公債ノ元利金ヲ横濱正金銀行經育出張所ニ於テ支拂ヒタルトキハ其ノ代リ金ヲ當日ノ日本向一覽拂爲替買相場ヲ以テ換算シ之ヲ本店ヘ付替フルモノトスト規定セラレ且同第三項ニ前項ノ場合ニ於テ本公債元利金支拂公定相場ト其ノ代リ金ヲ本店ヘ付替フル實際相場トノ差損益ハ四洮鐵路局ニ歸屬スト明記セラレタルニ省ミテ當然貴局ノ負擔ニ歸スヘキモノニ候カ故ニ横濱正金銀行取締役小田切萬壽之助名義貴局宛大正十三年十二月三十一日附請求書記載金額金四千九百十七圓六十一錢也及大正十四年三月五日附請求書記載金額金三圓七十六錢也合計金四千九百二十一圓三十七錢也至急同行ニ御支拂相成候樣致度尙其ノ手續トシテハ大正八年九月八日附四洮鐵道借款契約附屬

(3. 12.光明納)

南滿洲鐵道株式會社　（號１紙プイタ）

往復公文書(一)ノ趣旨ニ従ヒ弊社ニ對シテ代理支拂ヲ御依頼有之度候然ル上ハ弊社ニ於テ同金額ヲ貴局預金ヨリ引落シ振替決濟可致候

（3. 12.光明納）

南滿洲鐵道株式會社　（タイプ紙1號）

附屬第三號

譯文

交通部指令第二三一一號

正金銀行四鄭公債利子米貨拂ニ關スル件

第三九號呈文ノ趣承知セリ正金銀行ヨリ四鄭公債利子米貨拂ニ依リ生シタル爲替差額ヲ補償センコトヲ請求シ來レル件ハ前令ノ通拒絶スヘシ又同行ヨリ送付シ來レル四鄭公債元利支拂手續書ハ同行ノ一方的表示ニシテ且契約第七條ノ精神ニ反スル處アルニ因リ承認シ難シ以上ノ趣旨ニ依リ同行ヘ回答セラレ度シ

中華民國十四年六月二十三日

交通總長　葉　恭　綽

四洮鐵路工程局局長　盧　景　貴　殿

(3.12.光明納)

附屬第四號

拜啓

支那政府五分利附四鄭鐵道公債元利金支拂方ニ關スル手續書別冊ノ通リ相定メ度候此ノ承認被成下度此段奉願上候　敬具

大正五年六月七日

横濱正金銀行

副頭取　山川勇木

在東京

中華民國代理公使　劉崇傑殿

（タイプ紙1號）南滿洲鐵道株式會社

敬啓頃接六月七日

來函關於四鄭鐵道公債不利還附手續祇悉一切另附手續書亦已照

收相應函復卽希

台照敬頌

時祉

六月八日

中華民國臨時代理公使　劉崇傑

橫濱正金銀行

副頭取　山川勇木　殿

附屬第五號

交渉部公函第九三一號

拜啓先般正金銀行ヨリ四鄭公債利子ノ米貨拂換算差額ヲ要求シキタリシ事ニ關シ再三貴局ト文書ヲ往復シタルカ同行ハ更ニ異議ヲ齎シテ仕拂ヲ請求シ來レリ本部ハ之ニ關スル書類ヲ全部辯護士林行規氏ニ手交シ詳細ニ研究セシメタルカ同辯護士ノ意見ニ依レハ本件ノ換算差損ハ到底其仕拂ノ責ヲ免ルルノ途ナシトノ意見ヲ陳述セリ本件解決甚タ延引シタルモ既ニ當方法理上ノ根據頗ル薄弱ニシテ相當讓歩セサル可カラサル以上可成速カニ解決スルヲ可トスヘシ茲ニ又滿鐵ヨリモ督促ヲ受ケタルニ因リ本部ハ同社ニ回答シタル外本部及林辯護士ノ意見書及滿鐵トノ往

南満洲鐵道株式會社　（タイプ紙１號）

復書面寫ヲ貴局ニ送付ス可成速カニ解決シテ其結果ヲ報告セラレタシ

交通部　啓　民國十五年六月二十一日

（3, 12.光明納）

附屬第六號

四鄭公債利子米貨拂差損不承認ノ件（譯文）

貴部公函第九三一號四鄭公債利子米貨拂換算差損支拂ヲ正金銀行ヨリ申越シノ件拜誦本件ハ先般屢貴部ノ拒絶セラレタル所ニシテ今回先方ヨリ請求シ來レル金額ハ四千餘圓（註、實際ハ八千餘圓也）ナルモ若シ之ヲ承認セハ恐ラク之ニ止ラス引續キ要求シ來ルモノ必ス今回ニ數倍スル虞アルヘシ公債所持人ノ目的ハ利ヲ計ルノミアリ今後米貨ノ價値高キ時ハ紐育ニ於テ英貨高ケレハ倫敦ニ於テ若シ又佛貨昇騰スル時ハ巴里ニ於テ（註、佛貨ハ公債ニ印刷無シ）彼等ハ利息ヲ要求シ來ルヘシ斯ノ如クナレハ本路ノ豫定セサル損失ハ極マル所無カルヘク即之カ支拂ヲ

南満洲鐵道株式會社　（タイプ紙１號）

拒絶シタル所以ナリ且同銀行本店ハ遠ク横濱ニアリ其支店ハ歐米ノ各都市ニ散在シ公債利子支拂場所ヲ一々調査スルハ困難ニシテ僅ニ紙上空談（註。支拂地支店長ノ署名アル請求書添付シアリ）ニ依テ直ニ多額ノ差損ヲ拂戻セハ本路ノ經濟困難ニ陷リ負擔ノ力無カルヘシ（註。爲替相場回復ノ結果左程ノモノニアラス約年額一萬圓内外ノ見當）假令負擔力アリトスルモ公理ニ合ハス凡ソ一種ノ通貨ニハ必ス其特有ノ貨幣制度アリ先ツ本位ノ貨幣ヲ主トシテ相場ニ依テ換算支拂フヲ妥當トスヘシ昨年一月廿八日貴部宛呈文ニモ會計處長由利元吉ノ意見ニ據リ紐育ニ於テ支拂フヘキ金額ハ金票ヲ以テ金貨ニ兩替スルコトヲ要求シ云々トアリ（註右ハ爲替相場ノ激落換言セハ金輸出禁止ニ依リ

（3. 12. 光明納）

南滿洲鐵道株式會社　（タイプ紙1號）

支那政府ハ不當ニ損失ヲ蒙ルモノナレハ支那政府カ此理由ニ依リ此金額ヲ限リ日本銀行ニ請求シ正當ナル兌換ヲ受クルコトヲ得ハ假令之ヲ輸出セストモ日本ニ於ケル轉賣ニ依リ此損失ノ大部分ヲ償フヲ得ヘシト述ヘタルモ其後日本ニ於ケル兌換若シクハ金貨金塊ノ拂下ハ爲替相場ニ依ル旨大藏省令?發セラレ此方法ハ不可能トナリタル様記憶ス）之ニ依レハ他種貨幣換算ノ原理ハ自ラ判明スヘシ今同銀行ノ發賣公債條件ニ規定シタルモノニ依レハ金票ノ外ニ米貨、英貨又ハ佛貨各種類ノ仕拂義務アリ是等各種ノ貨幣ハ何レモ獨立ノ價値アリ即銀行ハ數種ノ貨幣ヲ混同シテ一種ト看做シ頗ル不合理ナル解釋ヲナセルモノト云ハサルヘカラス右述ノ規定ハ我カ政府ニ於テ之ヲ認ムルトモ換算

（3.12.光明納）

南滿洲鐵道株式會社　（タイプ紙１號）

ノ損益ハ我カ政府ト交渉無ク其損益ノ負擔カ我國ニ歸スル理由ナシ又同行ハ公債元利仕拂手續書ヲ提出シテ差額拂戻ノ根據トナセルモ之亦無理ト云フ可シ蓋シ該手續書ハ全ク同行ノ片面表示ニシテ我カ駐日公使ハ承認ノ明答ヲ與ヘス單ニ右手續書ヲ查收シタリト回答シタルノミ右契約手續書カ契約正文ノ主旨ニ反スル以上之ヲ以テ差額仕拂要求ノ根據トスル事ハ不當ト云ハサルヘカラス尚該手續書第十一、十二、十三等ノ各條ニ皆手數料ヲ徵收スヘシトノ規定アルモ單ニ第十三條ニ「所持人ノ負擔ニ歸ス」トアルノミニテ他ノ二條ニ脫漏セリ之亦疑義ヲ生スルモノト思考ス（註、本項ハ本文章案者ノ誤解ニテ又首題ノ件ト何等ノ關係ナシ）兎ニ角該手續書ハ既ニ我カ國駐日公使ノ承認セ

（3. 12.光明納）

南滿洲鐵道株式會社　（タイプ紙1號）

サル所ナレハ現在ノ計畫トシテハ早ク書面ヲ以テ無效ヲ聲明シ速カニ將來ノ論爭ヲ豫防スヘシ借款契約第二十四條ノ規定ニ依レハ全ク歐米人民ノ購買ノ便宜即公債ノ流通ニ便ナラシム爲メ云々ト記載セルモ此意味ハ歐米貨ニ改ムル意ニ非スシテ歐米貨ヲ以テ元利ヲ支拂フ時ハ主タル日金ヨリ換算シタル相當額ト解釋セサル可カラス斯クシテ初メテ契約第七條ノ規定ト符合シ又五年三月卅日貸部ノ正金銀行ニ宛テタル返書第六項ニハ各國貨幣ノ換算數目ヲ記載セルノミニテ之ニ依ル換算損益ハ何レニ負フ可キヤヲ明示セス要スルニ正金銀行ハ本路公債ノ承攬財團ナリ銀行ニ於テ利益アリトシテ承攬シタルモノニシテ其結果ニ於テ生シタル損益ハ我カ政府ニ何等ノ關係ナシ若シ斯ノ如キ不當

(3. 12.光明納)

南滿洲鐵道株式會社　（ホイノ紙１號）

ノ要求ヲ拒絶スルニ非レハ我カ將來ノ損失ハ計リ知レサルヘシ
又契約第二十四條ニ記載シタル「證書ニ額面金額相當ノ一定英
貨額佛貨額又ハ米貨額ヲモ記載シ」トアルヲ査スレハ所謂「相
當」トハ必ス兩方幣制ノ價額平均シテ相當ノ意味アルヘク既ニ
差額ノ事實發生シタルモノニ對シテハ元文「相當定數」ト違背
シ居ル故ニ我ニ拂戻ノ義務無シ今日ニアリテハ速カニ契約條件
ヲ更正スル外別ニ方法ナシ本局長ハ鄭重ニ本公債ニ關スル權利
義務ヲ保持スル爲メニ貴部ニ於テ極力拂戻ヲ拒絶シ本路ニ於ケ
ル意外ノ損失ヲ免レシムル樣御盡力アランコトヲ切望シ之ニ對
シ充分御研究ノ上再ヒ貴部ノ御回答ヲ賜ランコトヲ乞フ
追申四洮借款契約第二十四條ニモ同一ノ規定アリ將來四洮公

（3. 12.光明納）

南滿洲鐵道株式會社 (タイプ紙1號)

債ノ發行實現スル際ニハ同シク該條ヲ訂正スル必要アリト思
考ス

交通總次長

四洮鐵路局長 盧 景 貴

中華民國十五年七月一日

(3. 12.光明納)

南滿洲鐵道株式會社　（タイプ紙1號）

附屬第七號

譯文

公函第五六一號

民國十六年八月二十二日

執行審辦職權四洮鐵路管理局

局長　盧景貴

南滿洲鐵道株式會社

社長　殿

借款利息差額支拂不承認ノ件

拜啓陳者今般交通部ヨリ四鄭公債利息差額支拂ノ件ニ關シ貴社トノ協議並取扱方法ニ付具報スヘキ旨下命有之候處此ノ差額不

（3. 12.光明納）

南滿洲鐵道株式會社

(タイプ紙1號)

承認ナル旨ニ付キテハ屢々交通部ニ呈報シ同時ニ貴社ニ御通知致置キシ次第ナルカ改メテ其ノ概要ヲ陳述スレハ

(1) 借款合同第七條及附表ニハ何レモ日幣ヲ以テ元利ヲ償還スヘキ旨ノ明記アリ日幣ヲ以テ本位トセハ合同ニ符合スヘキ處正金銀行ハ敝路ニ對シ對米幣ノ差額ヲ要求アルハ正シク合同ニ違反スルモノナルコト

(2) 借款合同第二四條ノ規定ハ此ノ債券カ歐米ニ於テ發行ノ際歐米人士ノ購買ニ便スヘク券面ニ歐米幣ヲ印刷シタルモノナルモ價格カ換算確定シ居ル以上ハ假令差金ヲ生スルコトアルモ引受人ニ於テ負擔スルヲ當然トシ敝路ハ其ノ差金ノ取得ヲ希望セサルノミナラス又其ノ損失ノ負擔ヲ爲シ難キコト

(3. 12.光明納)

南満洲鐵道株式會社　(タイプ紙1號)

(3) 此ノ公債ハ總テ日本ニ於テ發行セラレ合同第二四條ハ勿論適用シ得サルモノナルニモ拘ハラス差額承認ノ例ヲ開カハ將來債[illegible]券所持者ハ日幣ノ下落ニ依リ續々海外ニ持參シ兌換スヘキハ必定ナルニ付敝路ハ意外ノ損失ヲ蒙ルコト

(4) 正金銀行ノ根據トスルハ大正五年六月七日ニ敝國公使ニ致シタル手續書ナレ共此ノ手續書ハ該行片面ノ主張ナリト認メラル敝國公使ニ於テハ何等明文ニ付承認セシコトナク況ンヤ借款事項ハ合同ニ基キ日幣ヲ以テ償還スヘキ規定アル以上ハ片面ニ定ムル手續書ニ依リ合同ノ本体ヲ變更スルヲ得サルモノナルコト

以上各項ノ理由ニ依リ敝路ハ此ノ利息差額ノ支拂ニ對シテ到底

(3. 12.光明納)

南滿洲鐵道株式會社 (タイプ紙1號)

承認致難ク候條左様御了知相成度此段得貴意候也

以上

(3. 12.光明納)

（タイプ紙1號）南滿洲鐵道株式會社

附屬第八號

第四／四二號

昭和四年七月十八日

横濱正金銀行

借款課長　島　芳藏

南滿洲鐵道株式會社

庶務部長　木部守一殿

拜啓貴社益御隆昌之段奉賀候陳者

四鄭鐵道公債利札英米貨拂爲替差額ノ件

ニ關スル去十二日附庶借二九第四五號貴信拜讀致候本件ニ關シ

先般竹中經理部長殿宛ニ御依頼申上候處御多忙ナルニモ不拘早

（5. 11. 鮎川納）

南滿洲鐵道株式會社 (タイプ紙1號)

速由利氏ヲ特ニ四平街ニ御派遣御交渉被成下候段奉深謝候貴信ニ據レハ四洮鐵道局長ニ於テハ右差額支拂ノ義務アルコトハ認メラレタルモ將來ノ損失ヲ考慮シ之ニ善處シタキ意向ナル趣ニ有之同局長ノ立場トシテハ無理ナラヌコトト存候處英米貨拂ノコトハ公債面記載ノ約款ニ有之候得ハ四洮鐵道局ニ於テ之カ變更ヲ聲明スルコトハ公債所持人ノ權利侵害ト相成穩當ナラサルコトハ申迄モナキ義ニ有之又支拂取扱者タル本行カ公債面記載ノ約款ノ變更ナキニ不拘四洮鐵道局ニ對シ英米貨支拂ヲナササルコトヲ言明スルコトハ猶更妥當ナラサル義ニ有之候去レハ本問題ハ同局長カ滿足セラルヘキ表面上ノ工夫ヲ發見スルコトハ到底出來難ク候得共既ニ過去四年間ニ於ケル本行ノ取扱振ハ本

(5. 11. 鮎川納)

（タイプ紙1號）南滿洲鐵道株式會社

行請求書ニ依リ容易ニ分明シ居ル通リニ有之候得ハ局長ニ於テハ此實例ヨリ將來ヲ推考セラレ滿足セラルル外無之カト存候尚又本邦ニ於テ他日金輸出解禁ト相成候場合ニハ本問題ハ自然解決可致樣被考候得ハ旁將來ノ事ハ今日問題ニセストモ實際上差支ナカルヘクト存候事ニ御座候間甚タ恐縮ニ御座候得共右ニ依リ今一應同局長ニ御說示相願度存候

次ニ利率ニ就テハ立替當時ト近來トノ市場金利ヲ參酌シ年七分位カ穩當ナラント存候得共局長ヨリ折角ノ申出モアルコトナレハ特ニ年五分ニ低減可致候間此率ニ依リ請求書記載ノ日附ヨリ支拂日迄ノ日數ニ對シ御取立被成下候樣相願度候

右貴答旁御依頼申上候　敬具

（5. 11. 鮎川納）

（タイプ紙1號）南滿洲鐵道株式會社

附屬第九號

庶借二九第四五號七

昭和四年七月二十九日　庶務部長

宇佐美會計處長殿

四鄭公債利札英米貨拂差額支拂ニ關スル件

首題ノ件ニ關シ貴職並ニ由利社員局長ト會見ノ模樣ヲ具シ正金銀行ニ照會シタル處正金銀行ヨリ「……………」旨（附屬第八號）回答アリタリ

貴局カ英米貨拂爲替差額ヲ負擔スヘキ義務ヲ有スルコトハ契約上當然ノ事理ニシテ右ハ既ニ發行セラレタル四鄭公債ノ具有ス

（5. 11. 鮎川納）

南滿洲鐵道株式會社　（タイプ紙1號）

ル性質ナレハ支那政府及取扱者タル正金銀行ノ意思ノミニ依リテ其性質ヲ變更スルコトハ絶對ニ不可能ナリ隨テ貴局長カ希望セラルルカ如ク將來ニ於ケル危險發生ノ防止ヲ正金銀行ニ保證セシムルコトハ不可能ヲ強制スルモノニシテ正金銀行ニ對シ甚タ酷ニ失スルノミナラス不當ノ要求ナルニ付若シ貴局カ將來ヲ懸念セラルルナラハ本件ニ關シ將來發生スヘキ爭議ハ貴局ト公債所持人ト直接交渉スヘキニ付將來英米貨拂ニ依ル爲替差額ノ支拂ヲ停止スル樣貴局ヨリ正金銀行ニ通告スルヨリ外方法ナカルヘシト思考ス何レニシテモ正金銀行カ善意ヲ以テ已ニ支拂ヒタル英米貨爲替差額ハ將來ノ問題ト切離シ速ニ支拂ハルル樣被致度

（5. 11. 鮎川納）

南滿洲鐵道株式會社　（タイプ紙1號）

御利息ニ就テハ正金銀行ニ斡旋シタル結果「局長ヨリ折角ノ申出モアルコトナレハ特ニ年五分ニ低減可致候間此率ニ依リ請求書記載ノ日附ヨリ支拂日迄ノ日數ニ對シ御取立被成下」度旨申越アリタルニ付右局長ニ御傳達ノ上速カニ解決スル樣御盡力相煩度

（5. 11. 鮎川納）

南滿洲鐵道株式會社　(タイプ紙1號)

四鄭鐵道ニ關スル件

一、五分利附四鄭公債

大正二年十月支那外交部長及在支日本公使間ノ交換公文ニ依リ借款大綱ヲ豫約セラレタル滿蒙五鐵道中先四洮線ノ一部タル四平街鄭家屯間ノ鐵道ヲ建設スルコトニ議纏リ而テ五鐵道ノ資金供給ハ正金銀行ヲシテ之ニ當ラシムルコトトナリ居タルヲ以テ同行ト支那政府ト交渉スル所アリ大正四年十二月十七日五分利附金貨公債五百萬圓發行ニ關スル契約成立シタリ其ノ要項左ノ如シ

金額　　日貨五百萬圓

(5. 8. 鮎川納)

利率 年五分

發行手數料 五分五厘

元利拂手數料 二厘五毛

擔保 本鐵道ノ全財產及收入。政府ハ元利支拂ニ付無條件保證

償還方法 十年据置十一年目ヨリ年賦償還十年經過後ハ六ヶ月ノ豫告ヲ以テ臨時償還ヲナシ得但シ二十年目迄ハ二分五厘ノ割增ヲ要ス

技師長・運輸主任・會計主任ハ日本人トス。銀行ノ承諾ヲ得テ督辦之ヲ任命ス

南滿洲鐵道株式會社　（タイプ紙1號）

銀行ハ材料購買取扱者ヲ指定ス

支線延長線建設ノ爲外國資本ヲ要スル場合ハ銀行ニ優先權ヲ與フ

前渡金　二十萬圓　利子　七分以内

而テ右契約締結當時金融市場ハ大戰ノ影響ヲ受ケ公債ノ發行ニ不利ナルモノアリシヲ以テ工事速成ノ目的ヲ以テ契約締結ト同時ニ附件ヲ協定シ先銀ニ三百四十萬兩ヲ利子年七分ヲ以テ借入レ建造ニ着手シ之カ元利ハ公債發行ノ際優先的ニ決濟スヘキコトヲ約シタリ然ルニ右銀借款ハ事實上成立ヲ見ス大正五年五月一日公債五百萬圓全額ヲ發行價格八十六半ヲ以テ一時ニ發行シ支那政府ハ發行手數料五分五厘ヲ控除シタル金四

（5. 6. 共和籤納）

百五萬圓ヲ受取リタリ

三、短期借款

大正六年三月起工シ右公債取得金ヲ以テ工事ヲ進捗セシメタル處物價騰貴ト遼河未曾有ノ大水害ノ爲資金ノ不足ヲ來シタルカ支那側ハ追加借款ヲ申込ムニ於テハ直ニ延長線ノ問題ニ觸ルルコトヲ恐レタルモノカ大正六年十月頃ニ至リテハ三江口、鄭家屯間ノ工事ヲ中止シ其ノ間ノ工事費ヲ三江口、四平街間ノ用ニ流通シ又其ノ間ノ枕木ヲ他鐵道ニ轉賣シテ工事費ヲ融通スヘキ旨ノ命令ヲ發スルニ至レリ

之ヨリ先會社ハ滿蒙五鐵道ニ對スル今後ノ資金供給ハ會社カ之ニ當ルノ便利ナルヲ認メ六年四月十八日附ヲ其ノ旨總理大

南満洲鐵道株式會社　（タイプ紙1號）

臣宛ニ願出ツル所アリ之ニ對シ政府ヨリ六月二十九日附ヲ以テ認可アリタリ依テ會社ハ正金トノ間ニ右出資權讓渡ニ關シ文書ヲ交換シタリ（十一月二十一日附國澤理事長宛井上頭取來翰十二月十七日井上頭取宛國澤理事長往翰）右取極ニ於テ四鄭線ノ工事不足額ハ一時正金銀行ヨリ融通シテ工事ヲ竣工セシメ後會社ニ於テ資金ヲ調達シテ銀行ニ返濟スルコトトナリ正金並滿鐵ヨリ支那側ニ對シ前記工事中止ノ命令ヲ撤回シ續借方ヲ交渉シタルモ支那側容易ニ承諾セス鄭開及開朝線ノ問題ト共ニ交渉行惱ミトナレルカ漸ク大正七年二月七日ニ至リ一ケ年ノ短期借款成立シ正金ヨリ金貳百六十萬圓貸與ノコトニ決シタリ其ノ要項左ノ如シ

（5.6.共和鐵納）

金額　二百六十萬圓ヲ限度トス
利率　年七分
期限　一箇年
擔保　鐵道ノ全財産及收入ニ依リ四鄭借款ニ對シ第二位ニ擔保セラル政府ハ元利金ノ支拂ヲ無條件ニ保證ス

而テ當時給料支拂等ノ爲銀資本ノ必要アリ而モ銀價高ク借入金ヲ以テ銀ヲ買入レルコト不利ナリシ故銀四十萬圓ヲ年利九分五厘ノ利息ニテ借入レ之ニ對シ右短期借款ニ依ル借入金中ヨリ銀借款ニ相當スル日本金六十萬圓ヲ擔保トシテ正金ニ預入シ之ニ對シ銀行ハ年六分五厘ノ利息ヲ附スルコトトセリ

右短期借款二百六十萬圓及銀借款ハ翌大正八年二月十八日ノ期限ニ至リ同一ノ條件ニテ更ニ九ケ月間延期シタリ而テ大正七年十二月銀行間ノ協定ニテ其ノ當時ニ於ケル預金ノ期限到來後ハ年六分以上ノ利息ヲ附スルコトヲ得サルニ至リタル關係上八年三月十八日正金ハ交通總長宛ニ銀借款利息ヲ年九分トスル代ニ擔保預金ノ利息ヲモ年六分ニ引下タル旨申送ル所アリ交通總長ハ右ニ對シ四月三日附ヲ以テ承諾ヲ與ヘタリ

大正八年九月會社ト支那側トノ間ニ四洮借款契約成立ト同時ニ「公債發行以前ニ於ケル鐵道費支辨ニ關スル往復文書」中ニ四鄭短期借款ノ還付ニ必要ナル費用モ四洮公債募集金ヲ引當ニ會社ヨリ立替フヘキ旨規定スル所アリ而テ會社ハ支那側ノ

南滿洲鐵道株式會社　(タイプ紙1號)

要望ヲ容レ前渡金五百萬圓ヲ交付スルコトトシタルカ之ニハ右往復文書ノ規定ヲ適用スルコトトナリ居リ正金ハ右前渡金ヨリ四鄭短期借款元利償還ヲ受クルモノト豫想シタルカ支那側ニ於テハ一時全部之ヲ他ニ融通スルモノト察セラレタルヲ以テ正金ハ會社ニ對シ九月卅日「・・・・」四鄭鐵道短期借款ノ元利金ハ四洮前渡金中ヨリ返濟ヲ受クルモノト豫想シ居タルカ參百萬圓ヲモ一時支那政府ニ流用セシメ四鄭短期借款ノ返濟期卽チ大正八年十一月十八日ニ至リ同政府ヨリ本行ニ返濟スル內約ノ下ニ支那政府ヲシテ延長繼借款契約ニ調印セシメラレタル趣ニテ貴社御苦衷ノ程モ察セラルルニ付弊社ノ期待トハ相反スルモ致方ナキヲ以テ萬一右十一月十八日ニ支那政府

(5. 6. 共和鐵納)

（タイプ紙1號）南滿洲鐵道株式會社

府ヨリ辨済セサル場合ニハ貴社ヨリ支拂相受度」ト申來リ右ニ對シ會社ハ十一月一日附ヲ以テ「若シ支那政府カ十一月十八日迄ニ辨済セサル場合ニハ會社ヨリ四洮公債第一回募集ヲ了スル迄ヲ期シ辨済スヘキ旨回答セリ而テ正金ハ支那側ニ對シテハ短期借款全額ノ辨済方請求スル所アリ交通部ハ更ニ一ケ年ノ延期ヲ希望シ結局八年十二月十七日交換文書ニ依リ金貳百六十萬圓ニ對スル從來ノ利息ヲ皆済スルト共ニ元金ノ中百萬圓ヲ前記前渡金ヨリ償還シ殘額ニ對シテハ利子ヲ八分ニ引上ケ銀借款ノ方ハ利息ノミヲ支拂ヒ利率ヲ一割五厘ニ變更シ共ニ一ケ年期限ヲ延期シタリ

次テ翌九年十一月十八日期限ニ至リ金百六十萬ノ分ハ利息丈

（5. 6. 共和號納）

ヲ支拂ヒ元金ハ利率ヲ九分ニ引上ケ四洮公債募集ノ際ニハ期限中ト雖モ優先辨濟スルコトノ條件ノ下ニ更ニ延期シタリ。而テ銀借款ノ方ハ其ノ當時銀價漸ク低落シ了度擔保金ヲ以テ返還シ得テ少シク剩餘金ヲ生スル位トナリ正金銀行ヨリノ督促モアリタルヲ以テ清算返還セリ。金百六十萬圓ノ分ハ翌十年十一月ニ至リ更ニ同樣ノ條件ニテ延期シ十一年ノ期限ニ至リ正金ハセメテ半額支拂方請求シタルモ結局利息ヲ支拂タルノミニテ更ニ延期シ翌十二年十一月ニハ會社トノ間ニ第二次鄭洮工事速成借款成立シソノ中ヨリ四鄭短期借款ヲモ支拂フコトトナリタルヲ以テ正金ニ對シテハ交通部ヨリノ請求ニ基キ直接會社ヨリ十一月二十九日支拂ヲ了セリ

南滿洲鐵道株式會社　(タイプ紙1號)

三、正金銀行ノ權利義務委任

大正八年會社交通部側ニ四洮鐵道借款契約ノ議起ルヤ正金ハ九月七日附ヲ以テ會社ニ對シ「四鄭鐵道借款契約及同契約附屬往復文書所載ノ條項ニ依リ正金ノ支那政府ニ對シテ有スル權利義務ニ關スル事項ハ既ニ會社ニ讓渡シタル支線延長線ノ借款優先權ニ關スル事項ヲ除キ全部會社ニ委任スヘク及支那政府五分利附四鄭鐵道公債所持者ニ對スル元利金ノ支拂ハ從來通リ正金ニ於テ取扱フヘキニ付其ノ支拂基金竝手數料ハ四鄭契約所定ノ期日ニ會社ヨリ正金ニ支拂アリ度」旨申來ルト共ニ支那側ニ對シテモ六月十四日附ニテ既ニ同樣ノ趣申送ル處アリタリ爰九月八日會社交通部側ニ四洮鐵道借款契約締結

(5.6.共和鐵納)

ニ際シ附屬文書ヲ以テ「四洮鐵道借款契約ハ正金ノ享有スル權利義務ノ一部ヲ讓受タル結果締結セラレタルモノニシテ今後ハ四鄭鐵道モ四洮鐵道ノ一部トシテ經營スル方有利ニシテ便宜多カルヘキニ付四鄭鐵道借款契約及同契約附屬往復文書ノ條項ニ依リ正金カ有スル權利義務ニ關スル一切ノ事項ハ同行ノ委任ニ依リ會社ニ於テ代辨スヘク從テ五分利附四鄭鐵道公債元利支拂基金及元利支拂手數料ノ如キモ會社ニ於テ領收ノ上正金ニ交付シ同銀行ニテ公債所持者ニ支拂フコトトスル」旨約シ正金ヨリノ申出ニ對シテハ十月二十五日附ヲ以テ會社ニ於テ異存ナキ旨回答セリ

南滿洲鐵道株式會社　(155—4)

秘

借款鐵道係

目次

一、四洮借款元利不拂
一、四洮局會計主任ノ辭職届僞造
一、洮昂鐵道工事請負代金未確定
一、洮昂石炭代金不拂
一、吉敦局派遣員不法解職
一、奉海連絡協定廢棄
一、洮昂車輛流用
一、打通線抗議
一、海吉線抗議

(3.4.堀内商店納)

(155—4) 南滿洲鐵道株式會社

一、吉長鐵道軌條流用命令

一、太平川支線敷設計畫

一、四鄭公債利札英米貨差額不拂

一、奉海支線敷設

四洮鐵道借款元利不拂

四洮鐵道建造ノ爲大正八年九月會社ハ支那政府ト四洮鐵道借款契約（四千五百萬圓ノ五分利附公債發行）ヲ締結シタルカ其ノ後經濟情態ノ急激ナル變動ニ因リ同契約所定ノ條件ヲ以テシテハ到底公債ヲ發行スルコト不可能ノ事情存シタル爲已ムヲ得ス大正九年三月一時的辦法トシテ四洮公債ニ代ヘ期限一箇年ノ短期借款契約（壹千萬圓）ヲ締結シタリ利率年九分五厘、四洮公債發行セラレタルトキハ期限内ト雖本借款ハ直ニ償還セラルヘキコト及期限ニ於テ四洮公債發行不可能ノ場合ニハ契約ヲ更改スルコト等ヲ其ノ主要條件トス

其ノ後第一次及第二次四洮鐵道工事速成借款ヲ本借款ニ組入

レ爾來毎年切替ヘ來リ大正十四年五月三十一日現在ノ元金ハ參千貳百萬圓ニ達セリ

西洮公債發行不可能ノ場合或ハ支那政府カ元利ヲ完濟シ得サル場合ニハ支那政府ハ當然本借款ヲ切替ヘ整理スヘキ契約上ノ義務ヲ負フコトハ前記ノ如シ然ルニ大正十五年ヨリ今日ニ至ル迄毎年會社ハ支那政府ニ切替ヲ交渉シ來リタルカ支那政府ハ利率高キコトヲ理由トシテ（大正十三年五月九分二厘五毛更ニ十四年五月九分ニ改訂シ現在ニ及フ）交渉ニ應セス昭和二年一月延滯利息ノ中僅ニ百萬圓支拂ヒタルノミニテ大正十四年五月ヨリ本年五月末日ニ至ル延滯利息ハ八百三十一萬四千三百七十五圓餘ニ達ス本年三月會社ハ右延滯利息ノ支拂

南滿洲鐵道株式會社

ヲ請求シタルカ支那政府ハ九分ノ利率ヲ以テ計算シタル利息ハ承認シ難シトシテ支拂ヲ拒絶シ來リタリ

備考

一、大正十五年四洮局長ハ工場新設其ノ他改良費ヲ節約スレハ元金三千二百萬圓ニ對スル一箇年ノ利息二百八十八萬圓位ハ支拂ヒ得ルコトヲ言明セリ

二、會社ノ社債利廻（以下各社債ノ平均利廻ニアラス）

九年	九分九厘
十年	八分六厘
十一年	九分三厘
十二年	八分八厘

（3. 7. 鮎川納）

十三年　八分四厘
十四年　八分二厘

三、京奉線其ノ他歐米資本ノ支那借款ノ利率ハ五分或ハ六分ナルモ手數料及銀行手數料等ヲ考慮セハ實際ニ於テハ恐ラク一割以上ニ達スヘク且支那公債ハ額面ノ二分ノ一若ハ三分ノ一近クニ下落シ居ルヲ以テ實際ノ利廻ハ更ニ一層高率トナルヘク會社ノ四洮借款利率九分ハ決シテ支那側ノ呼稱スル如ク高率ニアラス

南滿洲鐵道株式會社

四洮派遣員ノ權利侵害－會計主任辭表僞造

四洮借款契約第十四條ニハ「會計主任ニハ日本人ヲ以テ之ニ充ツル」コトトシ「會計主任ハ本公債期間內本鐵道ニ關スル一切ノ收支ヲ管理シ且本鐵道ニ關スル支出ニ付一切ノ書類ニ總辦ト連署ス」ルコトヲ定ム（本條項ハ會社ノ債權ヲ確保スルコトヲ目的トス）

然ルニ昭和二年九月局長ハ會計處長ニ相談ナク汽關車十六輛ノ購買入札ヲ實行シタル後會計處長ニ對シ代金ノ支出ヲ命シタリ

然ルニ會計處長ハ借款利息其ノ他ノ不拂債務ノ累積セル際不急ノ支出ニ應シ難シトテ之ヲ拒絕シタルニ局長ハ辭表ノ提出ヲ命

(3. 7. 鮎川納)

南滿洲鐵道株式會社

シタリ會計處長ハ理由ナシトシテ應諾セサリシカハ局長ハ其ノ不在中辭表ヲ僞造シテ交通部ヲシテ認可セシメタリ

(3. 7. 鮎川納)

南滿洲鐵道株式會社

洮昻鐵道工事請負未確定

洮昻鐵道ハ滿鐵ノ工事請負ニヨリ大正十四年五月二十八日起工昭和二年六月三十日全部ノ工事ヲ竣ヘテ引渡ヲ完了シタルニモ拘ラス支那側ニ於テハ工事費ニ對シ種々故障ヲ申出テ未タ其ノ決定ヲ見ルニ至ラス

(3. 7. 鮎川納)

洮昂石炭代金未整理

會社ハ洮昂局長トノ間ノ石炭賣買契約ニ基キ昭和二年四月ヨリ三年三月迄ノ間ニ合計四十餘萬圓ノ石炭ヲ供給シタリ右賣買契約ニ於テハ右石炭代金ハ洮昂鐵道請負工事代金中ニ加算スルカ又ハ別途借款ト爲スヘキ事ヲ定ム會社ハ洮昂局ノ申出ニ應シ別途借款ト爲スコトヲ交渉シツツアルカ擔保物件ニ關シ不當ノ主張ヲ固持シテ容易ニ應諾セス未タ整理ニ至ラス

南滿洲鐵道株式會社

吉敦派遣員梶川ノ不法解職

吉敦鐵道請負契約ニハ吉敦局ハ會計ヨリ日本人技師長一名ヲ聘傭シテ本鐵道ノ設計、豫算及建造ニ關スル事務ヲ處理セシメ且本鐵道ニ關スル收支ニ就キ一切ノ書類ニ對シ局長ト連署スルコト及技師長ハ職務ノ執行ニ必要アルトキハ局長ニ請求シ酌定ノ上日本人數名ヲ採用スルコトヲ得ルコトヲ明記ス

然ルニ局長ハ本條項ニ依リ聘傭セル會計派遣員技師長助手梶川ヲ一片ノ感情問題ヨリ技師長ニ何等ノ挨拶ナク突然罷免ノ命令ヲ發シタリ

(3. 7. 鮎川納)

南滿洲鐵道株式會社

滿鐵奉海連絡協定廢棄

滿鐵奉海兩鐵道ノ連絡問題ハ奉海鐵道ノ申出ニヨリ大正十五年二月會社ト奉海トノ間ニ協議ヲ開始シテ以來昭和二年六月迄一年有餘二十數回ノ商議ヲ重ネタル結果漸ク本年二月二十四日兩者ノ間ニ調印ヲ了シタリ（三月十日ヨリ實施）此ノ間會社ハ兩鐵道ノ連絡カ雙方ノ利益タルノミナラス交通機關本來ノ使命ト沿線商民ノ利益ヲ考慮シ多大ノ好意ヲ以テ奉海ノ申出ニ應シ甚大ノ讓步ヲ爲シタルモノ二三ニ止ラス

然ルニ調印後間モナク三月五日突如書面ヲ以テ該協定ハ奉天省長之ヲ認メス且未タ實施期ニ達セサルヲ以テ之ヲ廢棄スヘキ旨

南滿洲鐵道株式會社

省長ノ命アリタリトテ其ノ廢棄ヲ通告シ來リタリ元來該協定ニハ兩鐵道當局者ノ調印ニヨリ即時效力ヲ發生スルコトヲ明記シアルヲ以テ省長ノ不承認云云等ノ如キ内部的事情ヲ以テ一方的ニ廢棄シ得ルモノニアラサルコトヲ指摘シ奉海ノ反省ヲ促スト同時ニ嚴重ナル抗議ヲ爲シタリ然ルニ支那側ハ廢棄ヲ固持シテ改メス解決困難ニ陷リタル爲結局本件ハ日支兩國間ノ外交問題トナリタリ

(3. 7. 鮎川納)

南滿洲鐵道株式會社

洮昂車輛不法流用

會社ハ洮昂鐵道カ會社ノ請負ニ依ツテ建設セラレタル特別ノ關係アルヲ特ニ考慮シタル結果大正十五年九月洮昂側ノ申込ニ應シ車輛購入代金立替契約ヲ締結シ右車輛購入代金ヲ立替支出シ右車輛ニ對シ擔保權ヲ設定セリ支那側ニ於テハ從テ同契約ニ依ル擔保保保全ノ義務上ヨリシテハ勿論契約ノ趣旨ヨリシテ法律上德義上共ニ債權者ノ同意ナクシテ任意ニ他線ニ流用シ得ヘカラサル義務ヲ負擔スルモノナリ

然ルニ交通部ニ於テハ右ノ事實ヲ無視シテ昭和三年三月十二日洮昂局ニ對シ機關車三輛貨車四十輛車掌車二輛ヲ三日以内ニ奉

(3. 7. 鮎川納)

南滿洲鐵道株式會社

海線ニ廻送スヘキ旨ヲ電命セリ
會社ニ於テハ擔保權ヲ保全スル必要上直ニ派遣洮昂顧問ヲシテ局長ニ對シ不同意ノ旨表明シ同時ニ來奉中ノ交通次長常蔭槐ニ對シテモ車輛流用カ契約違反ナルコトヲ指摘シ速ニ其ノ停止方交渉スル處アリシカ支那側ニ於テハ此等ノ抗議ニ對シ全然考慮スル處ナク三月二十日ヨリ移動ヲ開始セリ
茲ニ於テ會社ハ該契約ノ確認者タル奉天省長ニ對シ抗議ヲ提出スル一方事ノ重大ナルニ鑑ミ奉天總領事ニ抗議方依頼セリ之ニ對シ奉天總領事ハ奉天省長ニ對シ正式ニ抗議ヲ發スル處アリシニ支那側ハ事鐵道内部ノ行政ニ係リ債權者ノ干渉ヲ受クヘキモノニ非ス等ノ辭ヲ以テ反駁シ問題ノ貨車ヲ四洮線打通線京奉線

(3.7.鮎川納)

南滿洲鐵道株式會社

京奉線城根線延長線ヲ經テ三月二十八日迄ニ全部奉海線内ニ廻入セシメタリ其ノ前後公使總領事竝會社ハ夫々支那側ノ回答ノ不當ナル事實ヲ指摘シテ再三抗議シタルカ支那側ハ依然反省セス結局奉海線ノ滯貨輸送ノ目的ヲ達シタル後ニ於テ車輛ヲ洮昂局ニ返還セリ

(3. 7. 鮎川納)

南満洲鐵道株式會社

打通線敷設

打通線ノ建設ハ京奉線ノ豫テヨリノ計畫ナリシカ大正十五年八月頃ヨリ具體的ニ同線ノ敷設ニ着手シ漸次北方ニ延ハサムトスルノ形勢顯著ナルモノアリシカハ我政府ハ一九〇五年十二月締結ノ日清滿洲善後條約附屬聲明ヲ根據トシテ數回嚴重ナル抗議ヲ提出シタルカ支那側官憲ハ或ハ事實無根ト稱シ或ハ其ノ他ノ詭辯ヲ弄シツツ不得要領裡ニ其ノ工ヲ進メ昭和二年十一月十五日ニ至ツテ終ニ假營業ヲ開始スルニ至リタリ

(3. 7. 鮎川納)

海吉線（吉林 海龍城）建設

吉林省官民ノ計畫ニ為ル海吉線ハ滿蒙四鐵道借款豫備契約ニ基キ前渡金ヲ交付セル日本銀行團ノ借款權ヲ侵害スルモノナルヲ以テ我カ政府ハ數回抗議ヲ提出シタルカ吉林省側ハ同線ハ日本政府ノ已ニ承認セル奉海線ノ延長線ナリト主張シ或ハ日清滿洲善後協約附屬聲明及借款已得權ノ存在ヲ知ラスト主張シ我カ政府ノ抗議ヲ無視シテ着々其ノ工ヲ進メツツアリ

吉長鐵道古軌條流用命令

目下建造中ノ吉敦鐵道完成ニ關聯シ接續線タル吉長線ト同線トノ連絡運輸ヲ便利且ツ圓滑ナラシムル必要上吉長局ハ從來使用セル六十ポンド軌條ヲ八十ポンド軌條ト取換ヘタルカ本年四月交通部ハ吉長局ニ對シ右古軌條ヲ洮昂局ニ貸與方命令セリ元來吉長鐵道財産ハ大正六年會社支那政府間ノ吉長鐵道借款契約ニ依リ既ニ同借款ノ擔保トナリ居ルヲ以テ會社ノ同意ナクシテ之ヲ他ニ流用シ得サルモノナルカ右交通部ノ命令ハ明ニ會社ノ擔保權ヲ無視スル處置ナルヲ以テ會社ハ同意シ難キ旨吉長局ニ通告セリ

備考

吉長局ノ古軌條ノ大部分ハ吉敦鐵道請負契約ニヨリ吉敦線ノ側線ニ使用シ殘餘ハ吉長線ノ枝線敷設ニ使用スルハ已定ノ計畫ナリ

開扶線計畫

支那政府ハ滿蒙鐵道網計畫ヲ樹テ其ノ計畫ノ一端トシテ昭和二年八月四洮局ニ對シ四洮線開通驛ヨリ扶餘（ペトナ）ニ至ル線路ノ測量ヲ命シタリ本線ハ南ハ開通ヨリ通遼ニ出テテ打通線ニ接續シ北ハ更ニ哈爾濱ニ達セントスル大計畫ノ一端ニシテ之カ完成ノ曉ニハ會社線ノ有力ナル競爭線トナルヘキヲ以テ日清滿洲善後協約附屬聲明ノ趣旨ニ反スルハ勿論更ニ日本銀行團ノ已得權ニ屬スル長洮線（長春洮南、前渡金交附スミ）ノ價値ヲ減殺スルカ或ハ滅却スルニ至ルヘキヲ以テ其ノ成行ニ深甚ノ注意ヲ拂ヒ居レリ

四洮局ニ於テハ右命令ニ從ツテ直ニ路線ノ測量ヲ實行セシカ其

後昭和三年三月末開通扶餘間ヲ太平川扶餘間ニ改メ其ノ測量ハ
既ニ終了セリ

四鄭公債利札英米貨拂差額不拂

四鄭公債元利金支拂方ニ關スル手續書第二項ニ本公債ノ元利金ヲ横濱正金銀行紐育出張所ニ於テ支拂ヒタルトキハ其代リ金ヲ當日ノ日本向一覽拂爲替買相場ヲ以テ換算シ之ヲ本店ニ付替フルモノトアリ更ニ同第三項ニハ「前項ノ場合ニ於テ本公債元利金支拂相場ト其代リ金ヲ本店ニ付替フル實際相場トノ差損益ハ四洮鐵路ニ歸屬ス」ト明記シアリ從テ横濱正金銀行カ紐育及倫敦ニテ支拂ヒタル公債利札支拂ノ爲替差額ハ當然四洮鐵路局ニテ負擔スヘキモノナルニモ拘ラス十三年以來日米日英爲替ノ暴落ニ伴ヒ支那政府ノ負擔大ナルニ及ヒ同政府ハ言ヲ左右ニ托シテ爲替差損ヲ支拂ハス正金及會社ヨリ交渉シタルカ未タ解決ス

(155—4)　南滿洲鐵道株式會社

ルニ至ラス

(3.4.堀内商店納)

奉海支線建設

奉天省官憲ハ昨年五月頃奉海線支線ト稱シテ同線北山城子ヨリ東豐ヲ經テ西安（西安炭坑）ニ至ル延長約四十哩ノ鐵道建設ヲ計畫セリ該線ノ完成ハ同地方一帶ノ物資ヲ吸收シ會社線ニ甚大ノ打撃ヲ與フヘキ虞アルヲ以テ同年六月會社ハ奉天總領事ニ抗議方請願シ同總領事ハ日清滿洲善後協約附屬聲明ニ基キ奉天省官憲ニ抗議スル處アリシカ支那側ニ於テハ何等ノ回答ナク其工ヲ進メテ昭和二年末之ヲ完成セリ

洮昂線東支クロス並延長線問題

(イ)一四七一

東支鐵道側ニ於テ昂々溪齊々哈爾間輕鐵改築計畫アリトノ情報ニ接シ之ヲ吳督軍ニタダシタル處督軍ハ東支ニテハ三十萬兩ヲ以テ該輕鐵ヲ買收シレール及車輛ハ黑龍江省ニ寄附シテ五呎軌間ニ改築セン事ヲ企圖シ商總會一部ノ者ハ之ニ贊成セントノ意向アリシモ予ハ斷シテ承認セス將來トテモ決シテ張上將軍ノ意圖ニ反スルカ如キコトナキヲ誓フト斷言セリ

(ロ)一五三七

吳督軍ヨリ滿鐵カ資金ヲ立替ヘ江省ノ事業トシテ輕鐵ヲ改築スルコトヲ承認セハ直ニ東支ニ交渉ヲ開始スルコトトス

(155—4)　南滿洲鐵道株式會社

ヘシトノ申出アリシカ江省幹部會議ノ結果呼海線ノ材料輸
送ノ関係モアリ其完了後東支ト交渉スルコトトナリテ其儘
トナリタリ

(ハ)昭和三、五月

東支商業部員来洮策動アリ局長ハクロスヲ條件トシテ東支
洮昂ノ連運ヲ承認スヘキ言質ヲ與ヘタル由ナリ

(ニ)三、七、二〇

大藏顧問ニ對シ局長ヨリ

1、工事費ハ滿鐵ヨリ借款スルコト

2、工事ハ局カ直接指名スル請負人ヲシテ為サシメ滿鐵ハ
後援ヲ為スコト

3、材料ハ局直接購入ト滿鐵ニ對スル委託購入トニヨリテ

干渉スルコト
4、現場工事ニ關係スル日本人ハ滿鐵關係周旋者ナルト請負人タルトヲ問ハス總テ中國式服裝ト為スコト
トノ意向ヲ書シタルヲ以テ重役會議ノ結果第一案トシテ本線ハ洮昂路局長トシテ布設シ借款ハ工事費中ニ加ヘ工事ハ東亞土木ヲシテ請負ハシムヘキ事トシ若シ外務省ニテ本計畫ニ同意セサル場合ニハタロツス工事ハ加藤公司ヲシテ請負ハシメ其所要金額百三十萬圓ハ會社ノ元利保證（極秘三）ノ下ニ正隆銀行ヲシテ加藤公司ニ融通セシムルコトトスヘキ案ヲ立テ正副社長ノ同意ヲ得ルト同時ニ外務省ノ了解ヲ求ムヘク藤根理事上京セシカ二十八日社長ヨリ外務省ト協議ノ結果タロツス問題ハ全然他ノ問題ト切離シ斷行スルコト

ニ決定セル旨ノ通知アリ、支那側ニテモ莫省長竝江省幹部（呉不在）ノ了解ヲ得タル由ナリ

(ヘ)三、八、一〇

于局長来連クロス問題ニ關シ大藏理事トノ間ニ次ノ如キ覚書ヲ交換セリ

覚　書

請負契約洮昂鐵道計畫外工事施工ノ為洮昂局局長ト大藏滿鐵理事トノ間ニ左記ノ事項ヲ協定ス

1、計畫外工事費ハ洮昂線工事費増額トシテ立替ヲ為スコト

1、立替金ハ金利ヲ除キ金壹百参拾萬圓也ヲ限度トスルコト

1。立替金ノ金利ハ洮昂線ノ場合ト同一トシ立替金ニ加算スルコト

1。立替金ハ局長顧問連署ヲ以テ必要ニ應シ随時分割請求セラルルトキハ會社ハ之ニ應シ支出ヲ爲スコト

1。計畫外工事費豫算書設計書及設計圖ハ工事着手前會社指定技術者ト協議スルコト

1。本計畫外工事ハ可成民國十六年十二月迄ニ完成ヲ期スルコト

本覺書ハ奉天省長滿鐵社長ノ承認ヲ經タル後效力ヲ發生スルモノトス

民國十六年八月十日

本覺書ニ對シテ滿鐵側ニ於テハ承認ヲ與ヘタレ共洮昂局ヨ

リ修正ノ申出アリ結局一致ヲ見ルニ至ラスシテ止ミタリ

(ヘ)二八、二七

交通部ヨリ局長宛突然延長工事中止命令アリ、局長ニ於テモ江省督軍並交通部方面ノ諒解ヲ得ルニ努メ會社側ニ於テモ事情ヲ具シテ公使並本庄少將等ニ盡力方依頼スル處アリシカ

(ト)九月中旬ニ至リ右延長線ハ同地方交通ノ便宜ノ為建設スル必要ヲ認ムルニ付工事ニ差支ナキカ資金ハ此ヲ交通部(京奉ヨリ)奉天省、江省ノ三方面ヨリ各四十萬圓宛支出シ工事ハ之ヲ京奉線ニ引受ケシムルコトトスヘシトノ命令アリタリトノ情報アリ

(チ)三、四、二

然ルニ其後常蔭槐ハ東支クロスト同一ノ出資方法ヲ以テ克山迄ノ延長方ヲ呉督軍ニ計リタルニ督軍ハ省城以北ハ江省單獨ニテ施工スヘキ事ヲ主張シ結局クロス問題モ頓挫スルニ至リタルカ

(ヲ) 弓四一〇

交通部ノ命令ニヨリ延長線竝新線測量モ豫定通リ實行スルコトトナリ

1、昂齊間ハ年内ニ速成スルコト

（本線兩省分擔資金ノ醵出交通部ヨリノ材料配給ハ既定ノ如ク近ク實行スル由ニツキ洮昂局ニテハ資金材料受領次第工事着手ノ準備中

2、齊齊哈爾ヨリ拜泉ヲ經テ克山ニ至ル延長線ハ差當リ再ヒ實測ニ着手スルコト（其後拜泉迂回ヲ止メ直接寛山ニ至ルコトトシテ五月二十七日測量隊出發セシカ豫定線困難ノ爲楊家屯迂回路ヲ採ルコトニセリト）トシテ齊昂工事ヲ奉天春雅公司ヲシテ六月二十五日ヨリ起工セシムル事ニ豫定セシカ時局ノ關係モアリ從來ノ如キ強硬的態度ヲ採ルトキハ國際的紛糾ヲ惹起スル虞アリトテ東支側ノ諒解ヲ得ルニ努メシモ露國側ノ幹部ノ承諾ヲ得ルニ至ラス結局東支附屬地ニ關係スル部分ノ工事ハ後廻トシテ他ノ部分ノミ豫定通リ進捗セシムル事トセル由ナリ

要

.11

四洮鉄道借款契約

四洮鉄道短期借款契約（第一次）

仝（第二次）

仝（第三次）

第一次鄭洮架工事費造成借款契約

四洮鉄道短期借款契約（第四次）

第二次鄭洮架工事費造成借款契約

四洮鉄道短期借款契約（第五次）

四洮鉄道短期借款契約（第五次）ニ関スル往復公文書

四洮鉄道短期借款契約（第六次）

四鄭鉄道借款契約及附件

四鄭鉄道公債ニ関スル件

四鄭鉄道短期借款契約並関係公文

南滿洲鐵道株式會社

南滿洲鐵道株式會社

極秘

(タ｜ノ紙｜鋼)

海吉線ノ滿鐵線ニ及ホス影響

(4. 1. 鮎川納)

一、吉海線運賃

貨物運賃ノ決定上滿鐵ト同シク小口扱及一車扱ノ別ヲ設ケ又貨物等級ハ之ヲ普通及特種ノ二トシ普通貨物ハ更ニ之ヲ六級ニ、特種貨物ハ危險品、生動物、箇數扱貨物及嵩高品ノ四種ニ別ツ

普通貨物運賃率（永衡大洋建）

扱別	一級	二級	三級	四級	五級	六級
小口扱 每百公斤 每公里	一分一厘	九厘五毛	八厘	六厘五毛	六厘	五厘
一車扱 每公屯 每公里	九分五厘	八分	六分五厘	五分	四分五厘	二分五厘

本賃率表ニ依リ吉林、朝陽鎮間一八四粁間ニ於ケル運賃ヲ算出セハ左表ノ如シ

扱別	一級	二級	三級	四級	五級	六級
小口扱毎百公斤	二、〇二分	一、七四分	一、四七分	一、一九分	一、二〇分	、九二分
一車扱毎公屯	一七四八	一四、七二	一一、九六	九、二〇	八、二八	四六〇

然ルニ本年九月五日ヨリ實施セシ瀋海吉海貨物連絡運輸協定（註旅客連絡運輸ハ協定成立シタレトモ未タ實施ニ至ラス）ニ依リ吉海瀋海兩鐵道カ設ケタル割引運賃ハ左表ノ如シ

吉海鐵道（吉林朝陽鎮間）

扱別	小口扱每百公斤	一車扱每公噸
一級	一、一一分	九、五二
二級	九六分	八、一一
三級	七一分	五、五七
四級	六一分	五、〇七
五級	五〇分	四、〇六
六級	四〇分	三、五五

瀋海鐵道（朝陽鎮、奉天間）

扱別	小口扱每百公斤	一車扱每公噸
一級	一、一〇分	九、四〇
二級	九五分	八、〇〇
三級	七〇分	五、五〇
四級	六〇分	五、〇〇
五級	五〇分	四、〇〇
六級	四〇分	三、五〇

南滿洲鐵道株式會社　（イノ紙1號）

本制引運賃ニ依ル吉海瀋海經由連賃諸掛テ吉林、奉天間、吉林・營口間及吉林・大連間ニ於テ吉林附近發送貨物ノ大宗タル大豆、木材ニ付滿鐵、吉長經由ニ比較セハ左表ノ如シ

大豆（一米噸ニ付）

備考一、銀元、金圓ハ同價ニ換算ス

二、永衡大洋百元ニ付金六八圓ニ換算ス

三、瀋海ヲ經由シ滿鐵ニ接續スル場合ニ於ケル瀋海運賃ニハ一米屯一八分滿鐵運賃ニハ一米屯金十八錢ノ接續費ヲ加算セリ

(イ) 吉林、奉天間

(4.6. 共和號納)

南滿洲鐵道株式會社　（タイプ紙1號）

滿鐵、吉長經由

滿鐵運賃　七圓二四

吉長運賃料金　四元〇七（金換算四圓〇七錢）

合計金一一圓三一錢

吉海、瀋海經由

吉海運賃料金　五元二〇　金換算三圓五三錢

瀋海運賃料金　四元九四　金換算四圓九四錢

合計金八圓四七錢

滿鐵吉長經由ハ吉海瀋海經由ニ比シ二圓八四錢高シ

（4.6. 共和號納）

南満洲鐵道株式會社

(ロ) 吉林、營口間

満鐵吉長經由

満鐵運賃　一一圓〇八

吉長運賃料金　四元〇七　金換算四圓〇七

合計金一五圓一五錢

吉海瀋海經由

吉海運賃料金　五元二〇　金換算三圓五三錢

瀋海運賃料金　五元一二　金換算五圓一二錢

満鐵運賃料金　四圓六一

合計金一三圓二六錢

満鐵吉長經由ハ吉海瀋海經由ニ比シ一圓八九錢高シ

(4.6. 共和號納)

南滿洲鐵道株式會社

(ハ)吉林、大連間

滿鐵吉長經由

滿鐵運賃　一二圓八六錢

吉長運賃料金四元〇七　金換算四圓〇七錢

合計金一六圓九三錢

吉海瀋海經由

吉海運賃料金　五元二〇　金換算三圓五三錢

瀋海運賃料金　五元一二　金換算五圓一二錢

滿鐵運賃料金　六圓九七錢

合計金一五圓六二錢

滿鐵吉長經由ハ吉海瀋海經由ニ比シ一圓三一錢高シ

木材（一米噸ニ付）

（建築用）

備考　一、銀元金圓ハ同價ニ換算ス

二、永衡大洋百元ニ付金六八圓ニ換算ス

三、瀋海ヲ經由シ滿鐵ニ接續スル場合ニ於ケル瀋海運賃ニハ一米屯一八分滿鐵運賃ニハ一米屯金十八錢ノ接續費ヲ加算セリ

四、建築用木材ニ對シテハ吉長滿鐵共二割五分ノ割引ヲ爲ス

(イ) 吉林、奉天間

滿鐵吉長經由

滿鐵運賃　三圓六八錢

吉長運賃料金　四元〇六　金換算四圓〇六錢

合計金七圓七四錢

吉海瀋海經由

吉海運賃料金　五元二〇錢　金換算三圓五三錢

瀋海運賃料金　四元九四錢　金換算四圓九四錢

合計金八圓四七錢

吉海瀋海經由ハ滿鐵吉長經由ニ比シ七三錢高シ

南満洲鐵道株式會社
(タイプ用紙1號)

(ロ)吉林營口間

満鐵吉長經由

満鐵運賃　五圓六一錢

吉長運賃料金　四元〇六　金換算四圓〇六錢

合計金九圓六七錢

吉海瀋海經由

吉海運賃料金　五元二〇　金換算三圓五三錢

瀋海運賃料金　五元一二　金換算五圓一二錢

満鐵運賃料金　二圓二八錢

合計金一〇圓九三錢

吉海瀋海經由ハ満鐵吉長經由ニ比シ一圓二六錢高シ

(4.6. 共和號納)

(ハ)吉林大連間

滿鐵吉長經由

滿鐵運賃　六圓五二錢

吉長運賃料金　四元〇六　金換算四圓〇六錢

合計金一〇圓五八錢

吉海瀋海經由

吉海運賃料金　五元二〇　金換算三圓五三錢

瀋海運賃料金　五元一二　金換算五圓一二錢

滿鐵運賃料金　三圓六〇錢

合計金一二圓二五錢

吉海瀋海經由ハ滿鐵吉長經由ニ比シ一圓六七錢高シ

南満洲鐵道株式會社

斯クノ如ク大豆ニ於テハ吉長滿鐵經由ハ吉海瀋海經由ニ比シ
高ク木材ニ於テハ吉長滿鐵何レモ建築材料特別割引ヲ實施シ
居ル關係上吉海瀋海經由ノ方高シ併シ既ニ瀋海ハ同鐵路內運
送ノ木材ニ對シテハ二割五分ノ割引ヲ行ヒツツアレハ兩鐵路
間連絡運輸ノ木材ニ對シテモ近ク割引ヲ行フモノト想像シ得
兩路カ木材割引實施ノ曉ニ於テハ現在大豆ニ就テ見ルト同樣
ノ差額ヲ兩徑路間ニ來タスヘシ
以上ハ單ニ大豆、木材ニ就テ兩徑路ニ於ケル運賃料金ヲ比較
シタルモノナルカ他ノ貨物ニ就テ觀ルモ吉海瀋海經由ハ割安
ナリ
斯ノ如ク運賃料金ニ於テハ吉海瀋海經由ハ吉長滿鐵經由ニ比

(4.6. 共和號納)

シ有利ニシテ奉天以南各驛ト吉林トノ間ニ發着スル貨物ハ吉海瀋海經路ヲ選フモノト想像シ得サルニ非サルモ吉海瀋海兩路トモ開通後日尚淺ク施設未タ整ハス圓滑ナル輸送ヲ期待スルコト困難ナルノミナラス吉海瀋海間車輛直通ノ實施ヲ見タル今日ニ於テモ吉海、瀋海、滿鐵三鐵道間連絡運輸ノ實施セラレサルヲ以テ同經路ヲ經由シ吉林ト奉天以南ニ發着スルモノハ途中勘クトモ一回ノ積替ヲ要シ又混合保管ノ利益ヲ享受シ得サル等ノ不利アリオ随テ吉海瀋海カ連絡運輸協定ヲ締結シ吉林奉天間ノ運賃ノ割引ヲ爲シタリト雖之カ將來吉長ヲ脅由シ奉天以南勘クトモ營口、大連ニ出廻リタル貨物ニ直ニ大ナル影響ヲ與フルモノトハ想像シ得ス但シ吉海カ將來吉林以

(タイノ紙ノ號)　南滿洲鐵道株式會社

外ノ途中驛ト奉天間ノ運賃ノ大ナル割引ヲ行ヒタル曉ニ於テ之カ公主嶺、范家屯、長春或ハ吉長線吉林樺皮廠ニ與フル影響ハ看過シ得サルトコロナリ

(4.6. 共和號納)

二、吉海線開通前ノ出廻狀態

吉海線背後地ハ概ネ山岳地帶ニシテ平地ニ乏シク且道路ノ發達幼稚ニシテ人力ヲ加ヘス自然ノ地形ヲ利用シテ自ラ形成シタル道路カ主要ナル地歩ヲ占ムル狀態ナリ隨テ自然ノ地形特ニ河川ノ方向等ハ出廻狀態ヲ決スヘキ大ナル要素ヲ爲セリ尙此ノ外產地鐵道驛間ノ距離、取引市場ノ事情及鐵道運賃諸掛カ出廻狀態ヲ決スヘキ重大ナル要素タルヤ勿論ナリ

之等ノ事情ニ支配セラレシ吉海線開通前ニ於テ大豆ニ就キ吉海線背後地ヲ觀ルニ大体吉長線、滿鐵線及瀋海線ノ三勢力範圍ニ大別シ得、卽チ別圖ニ於テ盤石、樺甸、黑石鎭ヲ包含スル南部地方ハ瀋海線ノ勢力範圍、横道河子、樺樹林子、大三

家子、双河鎮、岔路河ヲ包含スル東北部地方ハ吉長線ノ勢力範圍ニシテ滿鐵ノ勢力範圍ハ双陽、長嶺子、烟筒山、營城子ヲ包含スル西部ノ廣潤ナル地方ヲ主トスルト雖尙古ク盤石、樺甸方面ニ占メタル地歩ハ確手トシテ悉クヲ瀋海線ニ讓ルニ至ラス此ノ方面ヨリ滿鐵沿線ニ出廻ル數量モ亦僅少ナラス

三、吉開線開通後ニ於ケル出廻狀態ノ變遷

吉海線ノ開通ニ依テ前記ノ開通前ノ出廻狀態ニ如何ナル變遷ヲ來スカヲ觀ルニ横道河子、樺樹林子ハ距離ニ於テハ吉長線ヨリモ吉海線ノ出廻圏内タルヘキモノナルモ吉海線ニ出廻ルニハ此ノ間峻嶺ヲ攀シサルヲ得サル地勢ニ在ルヲ以テ出廻經路ニハ變動ナカルヘシ、次ニ樺甸、黒石鎭ハ勿論盤石地方モ瀋海線朝陽鎭ノ出廻圏内ニ屬シ從來此ノ方面ヨリ滿鐵沿線ニ出廻リシ數量モ瀋海線ノ輸送施設ノ漸次充實スルニ伴ヒ漸減スヘキ運命ニ在リシヲ以テ吉海線ノ開通ニ依リ當社カ此ノ方面ニ於テ影響ヲ蒙ルコトナシ

烟筒山、双河鎭、大三家子等吉海線沿線地方ニ出廻ル貨物ハ

吉海線ニ奪ハルモノト想像セサルヲ得ス、問題ハ吉海、滿鐵吉長各線間ニ介在スル地方ノ物産カ今後如何ナル出廻經路ヲ表現スルカ換言セハ三鐵道ノ勢力範圍ノ境界線ハ何レノ地ヲ通過スヘキカニ在リ、之カ決定上前記ノ如ク地勢カ重大ナル關係ヲ有シ滿鐵、吉長沿線ハ吉海沿線ニ比シ地勢概ネ緩カニシテ隨テ之ニ出廻ル馬車ノ通行ノ容易ナルコト等、取引市場トシテ古キ地盤ヲ有シ且馬車ノ復路利用可能ナルハ兩線ノ勢力範圍維持上有利ニシテ尚且兩線内敏速ナル輸送ト混合保管ノ制度ハ一層貨物吸引上大ナル力ヲ有ス、隨テ前記勢力範圍境界ハ口前、五家子、朝陽山ヲ結フ線ナルヘシ、併シ吉海ハ收貨ノ宣傳大イニ之努メ一方新ニ車輛ヲ購入シ輸送力ノ充實ヲ

圖リツツアルヲ以テ近キ將來ニハ境界ハ口前、分水嶺、營城子ヲ結フ線迄擴張スルニ至ルヘシ

扨前記ノ大豆出廻狀態ノ變遷ヲ數量的ニ考察スヘシ、從來滿鐵、吉長線ニ出廻リシモノニシテ直ニ吉海ニ奪ハルルハ先ツ烟筒山附近ノ三萬屯ヲ主トシ盤石ノ一萬屯、双河鎭ノ五千屯計四萬五千屯程度ナルヘク此ノ外双陽鎭附近二萬五千屯、長嶺子、大三家子附近七千屯、朝陽山附近四千屯モ亦吉海鐵道ニ奪ハルルニ至ルヘシ（註、本出廻數量ハ本年七月奉天鐵道事務所ト國際運輸ト協同シテ吉海背後地ヲ視察セシ視察報告ニ依レリ）

斯ノ如ク出廻狀態ノ變遷ニ伴ヒ滿鐵、吉長ノ驛ノ出廻數量ハ

南満洲鐵道株式會社

（號一紙ノ一タ）

如何ニ減少スルカ大略吉林二〇〇〇屯、樺皮廠三〇〇〇屯、長春一二〇〇〇屯、范家屯一三〇〇〇屯、公主嶺一五〇〇〇屯ノ減少ニシテ吉海ノ出廻圈内ノ擴張ニ伴ヒ其ノ減少數量ハ更ニ長春一九〇〇〇屯、范家屯一五〇〇〇屯、公主嶺四〇〇〇〇屯ヲ加フヘシ

四、吉海線出廻狀態變遷ノ吉長滿鐵ノ運賃收入ニ與フル影響

上記ノ如ク滿鐵叉ハ吉長ニ出廻ル數量ノ減少ニ伴ヒ滿鐵吉長ハ運賃收入ニ於テ幾何ヲ損スルカ此ノ減少數量ハ瀋海ヲ經由シ奉天ヨリハ全部滿鐵ニ流レタルモノト見做シ之ヲ研究スヘシ

（4.1.鮎川納）

驛名	減少數量	賃率	減收運賃
長春	一七、〇〇〇屯	一三・一一	二二三、八七〇圓
范家屯	一三、〇〇〇	一二・五六	一六三、二八〇
公主嶺	一五、〇〇〇	一二・〇〇	一八〇、〇〇〇
合計	四五、〇〇〇		五六六、一五〇

右數量ニ對スル奉天、大連間ニ於ケル運賃ハ二一三、九七〇圓ニシテ長春、奉天間ニ於テ減收トナルヘキ金額ハ二四九、三五〇圓ナリ

次ニ吉海線出廻圏内ノ擴張ノ結果更ニ當社驛ニ出廻ル數量ノ減少ハ左表ノ如シ

南滿洲鐵道株式會社

(タイプ紙1號)

驛名	減少數量	賃率	減少運賃
長春	一九〇〇〇屯	一三・一一	二四九〇九〇圓
范家屯	一五〇〇〇	一二・五六	一八八四〇〇
公主嶺	四〇〇〇〇	一一・〇〇	四四〇〇〇〇
合計	三八、〇〇〇〇		四八一、四九〇

右數量ニ對スル奉天、大連間運賃ハ二六七、五二〇圓ニシテ長春、奉天間ニ於テ減收トナルヘキ金額ハ二一三、九七〇圓ニシテ前掲二四九、三五〇圓ヲ加算セハ四六三、三二〇圓ナリ吉長線ニ於テハ吉林、長春間ニ於テ一二、五九〇圓、樺皮廠、長春間ニ於テ六、一六〇圓合計二八、七五〇圓ノ減收トナル

以上ハ吉海線ニ出廻ル大豆ニ就キ記シタルモノナルカ他ノ貨

(4. 1. 鮎川納)

物ニ就テモ大体同一ノ状態ニ在リ吉海線沿線ニ移入セラルル雑貨ニ就テモ移入經路ノ變遷ヲ見ルヘシト雖之ニ依テ滿鐵ノ蒙ル運賃收入ノ減收ハ大ナラ〃ス

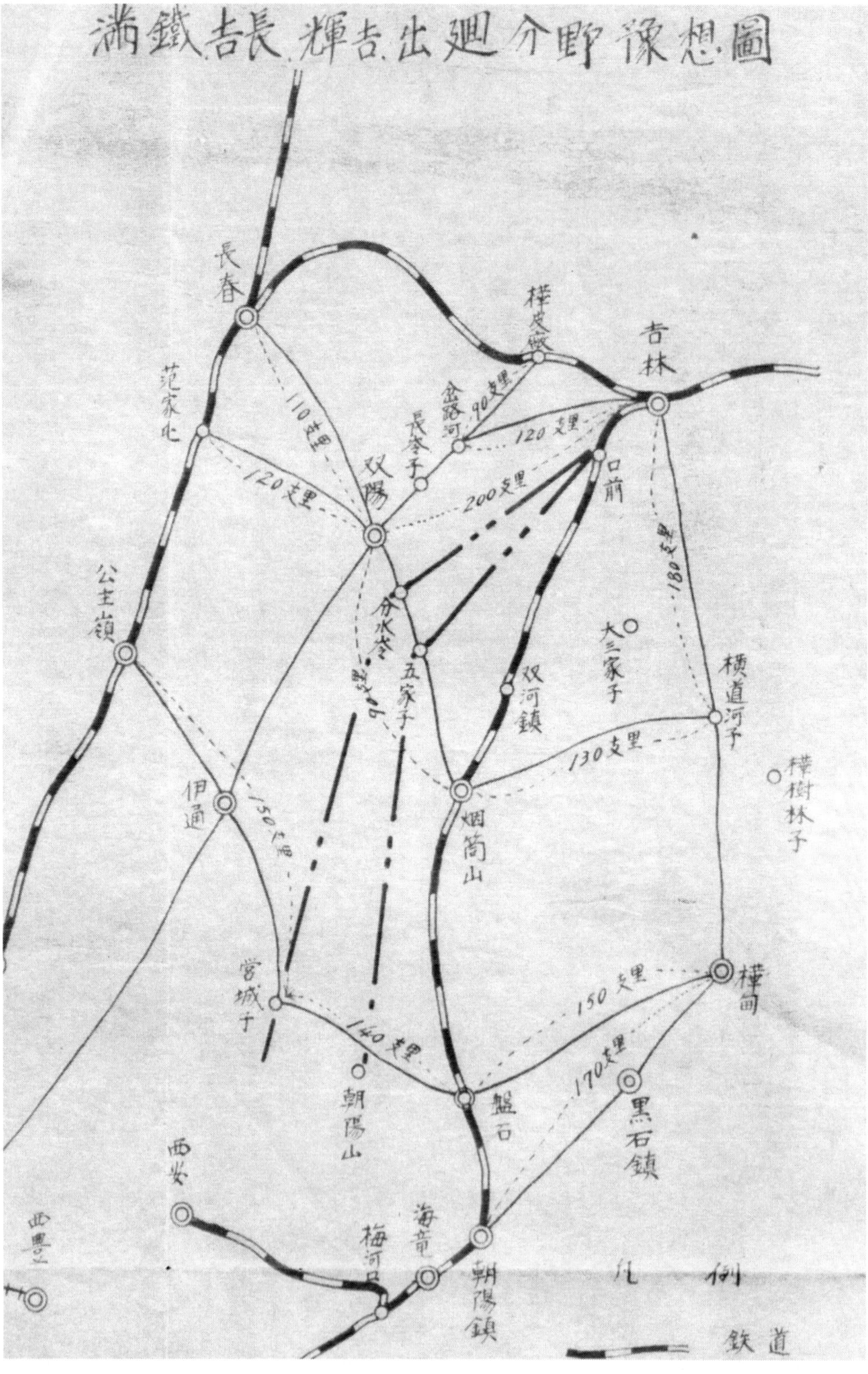
滿鐵吉長.輝吉.出廻分野豫想圖
長春
范家屯
樺皮廠
吉林
岔路河
90支里
長岺子
120支里
110支里
120支里
双陽
200支里
口前
180支里
公主嶺
分水岺
五家子
大三家子
双河鎮
横道河子
130支里
樺樹林子
伊通
150支里
烟筒山
營城子
樺甸
150支里
140支里
170支里
朝陽山
盤石
黑石鎮
西安
西豐
梅河口
海龍
朝陽鎮
凡例
鉄道

（タイプ用紙1號）　南滿洲鐵道株式會社

吉敦線社用枕木運賃割引ノ件

借款鐵道係

（4.6. 細內納）

南満洲鐵道株式會社　(タイプ紙1號)

吉敦線社用枕木運賃割引ノ件

借款鐵道係

一、大正十五年八月會社ハ吉敦局ト
(一)鐵道用品、普通運賃ノ半減
(二)前項以外ノ用品、普通運賃ノ三割減
ヲ協定シ爾來本協定ニ準據シ來リタルカ本年三月二十七日突如トシテ吉敦局ハ「……營業創始期ニ在リテ貨客ノ收入モ少ク經營極メテ困難ノ狀態ニ在リ而シテ本線貨物ノ大宗ハ木材ニシテ然モ其ノ大部分ハ滿鐵ノ枕木杭木ナルカ右枕木ニ對シテハ五割杭木ニ對シテハ三割ノ割引ヲナスハ吉敦局ノ財政

(4. 8. 共和號納)

ノ現情ヨリ見テ極メテ苦痛トスル處ナレハ去ル十五年八月ノ協定ハ其ノ儘有效トシ別ニ枕木、杭木ヲ該協定ヨリ當分ノ中除外シ普通木材同樣二割五分引ヲ以テ輸送スルコトニ決定セル」旨通告シ來リタリ

註　吉敦局ノ右通告ニハ「交通委員會ノ命ニ依リ」トアルモ實際ハ吉敦局ヨリ自發的ニ交通委員會ニ申請シ其ノ承認ヲ得タルモノナリ

三、前記協定ハ無期限ナルカ故ニ吉敦局カ該協定改訂ヲ欲スルナラハ會社ニ之ヲ提議シ會社ノ同意ヲ得ルヲ要スルハ勿論ニシテ該協定ノ性質上吉敦局一方ノ通告ヲ以テ任意ニ改定シ得ヘキモノニアラス隨ツテ理論トシテハ會社カ吉敦局ノ提議ニ同

意セサル限リ吉敦局ノ提議ニモ拘ハラス該協定ハ其儘效力ヲ存續スルコトトナルカ實際問題トシテハ吉敦局カ五割引輸送ヲ拒否シ飽ク迄モ二割五分引ヲ固執スル場合ニ於テハ會社ニトリテ差シ當リ不便ナルノミナラス極メテ困難ナル問題ヲ惹起スルカ故ニ其ノ對策ヲ研究スルコトトシ取リ敢ヘス四月十六日「●●●●通告ニ接シタルカ本件ハ一方的意思ニ依リテ變更シ得ルモノニアラス貴我協定ヲ要スルニ付本件實施方暫ク延期シ此ノ間ニ於テ圓滿解決シタキ」旨回答セリ

三、本件ハ前記ノ通リ吉敦局ノ一方意思ニ依リテ決定シ得ル性質ノモノニアラス理論上ハ吉敦局ノ提議ヲ拒絶シ得ル事理ナルカ會社ト吉敦局トノ特殊ノ關係ニ顧ミ吉敦局ノ立場モ亦十分考慮スルノ要アリ即チ

(一)吉敦線貨物ノ大部分ハ木材ナルコト

(二)營業創始期ニ於ケル經營困難

(三)吉敦線工事中ハ吉敦局ハ本協定ヲ利用シ得タルモ工事完成後ハ之ヲ利用スル場合極メテ少シ之ニ反シテ會社ハ有利ノ立場ニ在リテ相互對等割引ト云フモ實質ニ於テハ對等ニアラス（假リニ本協定存在セストスルモ會社ハ五割引ヲ以テ建設材料ヲ輸送シタルナルヘシ）

(四)吉敦局ト同樣ノ相互運賃五割引協定ハ現在會社ト吉長四洮局トノ間ニ存ス而シテ會社カ本協定ニ依リテ四洮局ヨリ利益ヲ享クル場合ハ稀有ノコトナリ此ノ場合ニ於ケル會社ノ立場ハ吉敦局ノ立場ニ類似ス會社ハ支那ノ國有鐵道ノ一タル四洮局ニ對シテ相互運賃割引協定ノ爲メニ尠

(タイプ[illegible]1[illegible])

南滿洲鐵道株式會社

カラサル犧牲ヲ拂ヒ居ルカ故ニ吉敦局モ亦當然會社ト同樣ノ右苦痛ヲ甘受スヘシト謂フハ吉敦ト會社ヲ對等地位ニ於テ比較スルモノナルカ故ニ實際問題トシテハ妥當ニアラス

(五)吉敦線ハ會社ノ借款鐵道トシテ又培養線トシテ特殊ノ關係アルカ故ニ同鐵道ノ財政的發展ハ間接ニ會社ノ利益ト一致ス

(六)會社カ向後吉林材枕木ヲ使用セサルコトニ決定スレハ木材伐採ニ從事シ居ル多數日本人(中川代表ノ言ニ依レハ家族ヲ含ミ千人餘)ハ失業ス

四、假令右諸理由アリトスルモ會社ハ吉林材枕木ヲ使用スル義務ヲ負擔シ[illegible]居ル譯ニアラサレハ會社カ吉林材枕木ヲ使用スル

(4.6. 畑内納)

（タイプ用１號）

南滿洲鐵道株式會社

ヤ否ヤハ固ヨリ會社カ自由ニ決定シ得ル處ニシテ從來會社カ吉林材枕木ヲ使用セルハ主トシテ商業上ノ理由ニ依ル即チ嚴格ニ言ヘハ吉林材ト他地方ノ枕木ノ「コスト」カ略々同樣ナル時ニ於テノミ吉林材枕木ヲ使用スルヤ否ヤノ問題ヲ生ス從ツテ吉敦側提議ニ對スル會社ノ讓歩點ハ前記諸理由ノ外商業的採算ヲ考慮ニ入レテ決定スルヲ必要トス此ノ基礎ニ立脚シ四年五月會社ハ「……本件ハ貴局財政上ノ見地ニ立脚セルモノニテ此點ニ關シテハ弊社トシテモ極メテ御同情致居次第ニ候得共斯クテハ他ノ木材市場ヨリ購入スルモノニ比シ極メテ高率トナリ弊社トシテモ相當考慮ヲ要スル點有之候ニ就テハ貴我事情ヲ考察シ左記方法ニ依リ本件解決スル事ニ致度」旨吉敦局ニ回答シ同時ニ右方針ニ基キ交渉方中川代表ニ訓令

（4.6. 堀内納）

南満洲鐵道株式會社

セリ

左　記

一、本年度弊社契約ノ木材ニシテ本年四月一日現在貴線未發送ノ分約二千五百貨車ノ中千二百五十貨車ハ從來通リ五割引トシテ先送シ殘リ千二百五十貨車ハ御申越通リ二割五分トシテ本年度内ニ發送ノコト

二、來年度（昭和五年度）以後ノ分ニ對シテハ他ノ木材市場ノ狀態ヲ考察シ一公里公噸當リ運賃日金一錢六厘トナスコト

三、前項ハ一箇年ノ豫告ヲ以テ改廢シ得ルコト

註

㈠二千五百車ヲ二分シ前ノ半分ニ對シテハ從來通五割引後ノ半分ヲ二割五分引トナスコトヲ承諾スル交換條件トシ

（4.6. 納內刷）

トシテ昭和五年度以後ハ「キロトン・キロメーター」ノ「タリフ」ヲ協定スルコトヲ提議セルハ從來通五割引トセハ吉敦局カ「タリフ」ヲ變更スレハ當然五割引ニモ影響スルヲ以テ「タリフ」ヲ協定シ置ク方安全ナルカ爲ナリ

(二)金ヲ標準トセルハ爲替ノ變動ニ依ル損害ヲ防止スルカ爲ナリ

(三)金一錢六厘トセルハ中川代表カ既ニ吉敦局ニ交渉セル額ト一致セシムル爲ナリ

(四)木材トセルハ五割引協定改訂ノ機會ニ於テ若シ吉敦側カ承認スレハ從來三割引ノ枕木モ改訂「タリフ」ニ均霑スル結果トナリ會社ニ取リテ有利ナルカ爲ナリ

五、右會社ノ回答ニ對シ五月二十一日吉敦局ヨリ「●●●●●」枕木運

南滿洲鐵道株式會社

(タイプ用1號)

賃ニ割五分改訂ハ營業收入維持ノ爲止ムヲ得サル取扱ニ有之候處貴我平素ノ好誼ニ鑑ミ折角特別ノ協定方御照會ノ次第有之タルニ付テハ特ニ御便宜ヲ圖リ本年四月一日以後弊鐵道各驛發送枕木ハ千二百五十貨車ヲ限度トシテ半貨扱トシ右限度ヲ超過シタル數量ニ對シテハ其ノ多寡ニ拘ハラス弊局ニ於ケル木材運賃割引期間中總テ二割五分引トシ右期間滿了後ハ普通運賃ヲ申受クルコトニ致度右ハ國内各鐵道カ均シク四月一日以後實施セル運賃割引規定ニ比スレハ破格ノ優遇ニ有之候尤モ右取扱ハ更メテ交通委員會ノ認可ヲ經ルコトヲ要スルモノニ候間御含ミ相成度尚御申越ノ條件第二項ノ日本金ヲ以テ運賃ヲ計算スルコトハ御承認致シ難ク第三項ニ就テハ四月一日以後千二百五十貨車ヲ限度トシテ半賃扱トナスコトニ定ム

(4.6. 棚內納)

南滿洲鐵道株式會社

ル上ハ改廢ニ關スル豫告期間ヲ規定スル必要ナキ」旨回答アリタリ

右吉敦局ノ回答ハ前記會社ノ希望トハ其ノ間ニ大ナル開アリ一方中川代表カ交渉シタル結果金一錢六厘ニテハ到底吉敦局カ承認セサルコトヲ確メタルヲ以テ左記方針ニ依リ交渉方中川代表ニ命セリ

(一)「キロトン」、「キロメーター」金一錢八厘迄讓歩スルコト但シ此ノ場合ニハ三割ノ附加ヲ認メス

(二)「キロトン」、「キロメーター」銀一錢八厘ヲ標準トスル場合ハ三割ノ附加ヲ認ム

註

金一錢八厘ハ約四割ニ相當ス又銀一錢八厘トシテ三割ノ

南満洲鐵道株式會社　（タイプ紙1號）

附加ヲ認ムルモ金一錢八厘ト同シク四割ニ相當ス

六、前記吉敦局回答ニ對シ六月一日會社ハ更メテ「・・・弊社案ハ貴我共存共榮ノ趣旨ニ基キ特ニ營業創始期ニ於ケル貴局財政狀態ニ御同情申上候結果ニシテ右ハ弊社トシテハ最大限度ノ讓歩案ニ有之從テ乍遺憾今回御提示ノ條件ニハ絶對ニ應諾致難ク候就テハ弊社立場ヲ篤ト御賢察ノ上弊社案ニ御同意相成度第二項金本位ニ就テハ強イテ固執スル儀ニ無之」旨回答セリ

七、吉敦側提案ハ會社ニトリテ極メテ不利ナルカ故ニ若シ吉敦側カ讓歩セサルニ於テハ會社ハ他ノ方面ヨリ枕木ヲ購入セサルヲ得サルヘキコトヲ數字ヲ以テ説明シ他方中川代表ヲシテ極力交渉セシメタル結果吉敦局ハ遂ニ最底限度ノ讓歩案トシテ

（納内網・4.6.）

銀一錢八厘五毛ニ決定シ既ニ去ル八月交通委員會ニ申請シタルヲ以テ同委員會ノ認可アリ次第會社ニ回答スル趣中川代表ヨリ報告アリタリ右吉敦局ノ回答ハ未タ來ラス會社カ銀一錢八厘五毛ニテ滿足スヘキカ其ノ對策ヲ考究スル要アルモ從來ノ交渉經過ニ顧ミ今日ニ至リテ本件交渉ヲ覆スコトハ德義上面白カラス又本件ハ純然タル商取引ニ關スル問題ナレハ最後迄會社ノ方針ヲ固執スルコトハ決シテ得策ニアラス

八、本件ノ取扱方ニ關シテハ左ノ四ノ場合ヲ思考シ得ヘシ

(一)會社カ協定改訂ニ絶對ニ同意セサル場合、然シ此ノ場合ハ實際問題トシテハ事務的價値ナシ

(二)協定改訂ニ同意シ新「タリフ」ヲ設定スル場合

(三)實質的相互對等五割引トナス場合卽チ割引率ト數量ヲ相互

（タイプ用1號）　南滿洲鐵道株式會社

平等ニ協定スル方法ニシテ最モ合理的ナリ

(四)現行協定ヲ其儘維持シ現行割引率ト吉敦局ノ主張スル銀一錢八厘五毛トノ差額ヲ援助ノ形式ニテ吉敦局ニ拂戻ス場合

右ノ中會社ハ(二)ヲ採擇シ交渉シ來リタルコト前述ノ如シ

（4.6. 堀內納）

(タイプ紙1號) 南滿洲鐵道株式會社

吉長利益金計算方法ニ關スル件

(5. 11. 鮎川納)

（タイプ紙1號）南滿洲鐵道株式會社

吉長利益金計算方法ニ關スル件

吉長鐵道純益金ハ其ノ二割ヲ會社ニ配當シ殘リ八割ヲ振替ヘテ交通部預金ト爲スコトトナリ居ル處大正十二年度決算ニ關シ十四年四月二十二日局長ハ中川代表ニ對シ「交通部ハ借款契約第七條及第八條ノ解釋ニ就キ異レル見解ヲ有スル趣ニテ現行ノ計算方法ニ依リ處理スルニ便ナラサル旨訓令シ來リタル次第モ有ルヲ以テ本件何分ノ決定ヲ見ル迄十二年度會計取得ノ利益配當金大洋九萬三千五十九元三分也ハ假拂トシテ支出シ置キ將來交通部ノ解釋ノ詳明ヲ俟チ分配金額ニ就キ更メテ通知スルコトトシ度」旨（附屬第一號）申來リ次テ同年八月末「本鐵道ニ於ケル毎年度決算純益算出方法ニ關シ借款契約第七條ニ鐵道純益ノ内ヨリ本借款ノ元利並第八條第二項ニヨル政府補助金ノ元利

（5. 11. 鮎川納）

及同條第三項ニヨル會社ヨリノ借入金ノ元利ノ償還ニ必要ナル金額ヲ控除シタル殘額ノ二割ヲ會社ニ分配スヘシト規定シ又細目契約第七條ニ政府ノ出資ナルト會社又ハ其他ヨリノ借入金ナルトヲ問ハス均シク利子ヲ附スルモノトシ之ニ對スル利子及每年償還スヘキ借款償還額ヲ支拂タル後ニ非レハ純益ノ計算ヲナスコトヲ得ストノ規定アルニヨリ從來純益ノ算出ニ當リ吉長墊補金及出資金ノ元利ヲ控除スルコトナク直ニ純益ノ分配ヲ爲シタルハ契約ノ規定ニ違背スルモノナルニ付爾今之ヲ更正スルト共ニ歷年政府ノ支出シタル長期資金及政府暫墊款十二年度末合計貳百三十六萬餘元ニ就キ至急償還ノ方法ヲ講スヘキ議交通部ヨリ訓令アリタリ」ト申越セリ（附屬第二號）

註(一)從來ノ配當金算出ノ順序ニヨレハ營業收入ヨリ營業經費

（タイプ紙1號）南満洲鐵道株式會社

及減價償却準備金ヲ控除シタル營業益金ヨリ更ニ當該年度ニ支拂ルヘキ借款元利並政府資金（交通部勘定）利子ヲ引去リ殘額ノ八割ヲ交通部ニ二割ヲ會社ニ分配シ從テ交通部ノ取得ニ歸スヘキ政府資金ヨリ當該年度ニ支出シタル興業費ハ翌年度ノ利益配當前ニ控除セス

註(二)交通部ニ歸屬スル配當金ハ交通部勘定トシテ吉長局ニ保管シ吉長局ハ更ニ之ヲ興業費トシテ再運轉ス而シテ吉長局カ利用セル政府資金ニ對シテハ年五分ノ利子ヲ附ス（細目契約第七條）

右局長ノ申越ニ對シ中川代表ハ請訓シ來リタルカ會社ハ契約ノ解釋ニ立入ルハ不利益ナリトシ中川代表ヲシテ局長ニ「從來ノ

(5.11. 鮎川納)

純益算出方法ハ契約違背ニ非スト確信シ交通部ノ指示ニ從ヒ辨ク本件ハ會計ニ通知シ置キタルカ故ニ交通部カナホ投下資金元利ノ償還ヲ請求セントスルナラハ借款契約第四條第三項ノ規定ニ從ヒ會計ト本件ノ取計方明確ニ取極メ然ル後何分ノ指圖アリ度」旨回答セシメタリ（附屬第三號）

次テ十三年度決算迫リタルヲ以テ代表ヨリ將來交通部ト會社トノ間ニ於テ何分ノ儀決定ヲ見ル迄從來通リ處理方局長ニ提議シタル處局長ハ「配當金ノ算出ヲ誤リシコト已ニ多年ナルカ交通部ヨリ何等ノ命令ナキ間ハ固ヨリ局定辨法ニ照シ處理シ可然モ已ニ交通部ノ訓令ニ接シタル以上部令ニ基キ記帳スヘク若シ滿鐵ニ於テ不當ト認ムルナラハ理由ヲ説明シ書面ヲ以テ當方ニ照

(タイプ紙1號)　南滿洲鐵道株式會社

會セラルルカ或ハ直接交通部ニ質問セラルトモ苦シカラス」ト
ノ覺書ヲ交付シタリ右覺書末段「會社ニ於テ不當ト認ムルナラ
ハ云々」トハ交通部ニ於テ契約ニ根據シ其ノ理由ヲ詳細述フル
處アリシニ拘ラス前記會社ノ回答カ何等理由ヲ指示セス更メテ
交通部ヨリ會社ニ照會スヘキコトヲ求メタルニ對シ局長カ不滿
ヲ抱キタルニ因ルモノナルコト斯ル回答文ハ交通部ニ進達スル
ヲ得ストノ意ナルコト判明セリ依テ會社ハ中川代表ニ命シ「本
件ハ借款契約第四條ノ所謂重要事務ニ關シ局長ト會社代表者ト
ノ間ニ議纒ラサル場合ニ屬スルカ故ニ交通部會社間ニ於テ商議
決定スヘキ性質ノモノナルモ支那現下政情ニ鑑ミ決算期迫リタ
ル今日速急ニ交通部ト交渉ノ上解決ヲ得ルハ殆ト不可能ノコト

(5. 11. 鮎川納)

ト思料セラルル故ニ他日政局ノ安定ヲ待チ慎重ニ協議シ其ノ結果従來ノ計算方法ニ誤謬アリタル場合ハ遡及訂正スルコトトシ取敢ス十三年度分ハ従來通リノ方法ニテ決算ヲ完了スル様局長ニ交渉セシメタル結果局長モ十五年三月二十七日ニ至リ之ヲ承認シ來リタリ（附屬第四號）

爾來右條件附ニテ従來ノ算出方法ニヨリ利益金ノ分配ヲナシ來リタルモ契約ノ根本的解釋ニ付テハ未タ解決ヲ見サル次第ナリ

前記局長ノ最初ノ申出ニハ貳百三十六萬餘元ト記シアルカ支那政府ノ貸金ハ

甲、民國七年一月即チ會社ノ經營受託前支出シタル四十二萬五千八百八十二元

(タイプ紙1號) 南満洲鐵道株式會社

乙、七年度以降十二年末迄ニ吉長局利益金振替交通部貸金中ヨリ事業費トシテ支出シタル百七十一萬三千八百三十八元

丙、政府ノ所得ニ歸スヘキ純益配當額及政府貸金利子中ヨリ當該年度ニ施行スヘキ事業費ヲ控除シタル殘額ヲ局ニ於テ保管セルモノ

ノ三口ナリ而テ甲ハ會社經營前ニ投下シタルモノナルカ故ニ細目契約第三條ノ規定ニ依リ政府ノ所得ニ歸スヘキ金額ヨリ償還セラルヘキモノ丙ハ局ニ於テ政府ノ指圖ヲ俟チ送金シ居タルヲ以テ結局本件ハ右乙ノ金額ヲ利益配當前總收入中ヨリ控除スヘキヤ否ヤニ歸ス

(5. 11. 鮎川納)

（タイプ紙1號）南満洲鐵道株式會社

元來契約上利益配當前ニ總收入中ヨリ控除スヘキ費目ハ

(一)鐵道ノ維持費補修費減價準備金事務費其他一切ノ經費（細目契約第八條）

(二)本借款ノ元利（借款契約第七條細目契約第八條）

(三)鐵道ノ營業收入カ其ノ經費ヲ支辨スルニ足ラサル場合支那政府カ營業事務ノ施行ノ爲供給シタル資金ノ元利（借款契約第八條第一項第二項）

(四)右(三)ノ資金ヲ政府ニ於テ調達スル能ハサル場合滿鐵ヨリ借入レタル資金ノ元利（借款契約第八條第三項）

(五)支線或ハ延長線建設ノ爲ノ資金ノ元利（借款契約第十七條細目契約第七條第八條）

（5. 11. 鮎川納）

（タイプ紙1號）南滿洲鐵道株式會社

㈥鐵道ノ利益増進滿鐵トノ聯絡ヲ充分ナラシムル需要シタル資金ノ元利（借款契約十八條細目契約第七、第八條）
㈦吉長鐵道ニ於テ隨時車輛ヲ増加シ工事ヲ擴張シ財産ヲ増加スル等ノ爲投下シタル資金ノ利子（細目契約第七條）
ノ諸項目ナリ從テ問題ハ前記乙ノ金額カ右七項目ノ中何レニ該當スルヤニヨリ決セラルル次第ナルカ從來ノ純益算出ノ方法ハ㈦ニ當ルモノトナシ之カ利子ヲ差引キタルモ元金ヲ控除セサリシモノナリ交通部ハ前記ノ如ク（附屬第二號）本件金額ハ細目契約第七條後段「毎年償還スヘキ借款償還額ヲ支拂ヒタル後ニアラサレハ純益ノ計算ヲナスコトヲ得サルモノトス」ニ該當スルモノト解シ元金ノ控除ヲ要求スルモノノ如シ。即チ事業費ヲ

(5. 11. 鮎川納)

(タイプ紙1號) 南滿洲鐵道株式會社

モ引去リタル後ニ非レハ純益ノ算出スルヲ得スト云フニアリ

(5. 11. 鮎川納)

南滿洲鐵道株式會社　(タイプ紙1號)

關係條文　吉長鐵道借款契約

第四條　會社ハ前條ノ目的ノタメ日本人三名ヲ選任シ之ヲ工務主任、運輸主任及會計主任ノ各職ニ當ラシムヘク其ノ俸給ハ政府ト會社トノ間ニ於テ之ヲ協定スヘシ

前項ノ各主任ハ會社ヨリ其ノ姓名及履歴ヲ交通部ニ通知シタル後就職スルモノトス更迭ノ時亦同シ會社ハ本條第一項ノ主任中一人ヲ選ヒ代表者トナシ本契約ノ範圍内ニ於ケル會社ノ權利義務ノ執行ヲナサシムルコトヲ得

第三項　重要事務ニ關シテハ會社ノ代表者又ハ各主任ハ必ス豫メ同長ト協議ノ上之ヲ處理シ議纏ラサル場合ハ雙方ヨリ各別ニ交通部及會社ニ報告シ交通部ト會社トノ間ニ於テ之

(5. 11. 鮎川納)

テ決定スヘシ

第七條　會社ニ於テ本鐵道ノ營業ニ從事スル間ハ政府ニ於テ會社ト協議ノ上定ムヘキ營業期間ニ於ケル鐵道純益ノ内ヨリ本借款ノ元利竝第八條第二項ニ依ル政府墊補金ノ元利及同條第三項ニ依リ會社ヨリノ借入金ノ元利ノ償還ニ必要ナル金額ヲ控除シタル殘額ノ二割ヲ會社ニ分配スヘシ

第八條　本鐵道ノ營業收入其ノ經費ヲ支辨スルニ足ラサルトキハ政府ニ於テ平常ノ狀態ニ於ケル普通營業事務ノ施行ニ必要ナル資金ヲ供給スヘシ

前項ノ供給資金ハ相當ノ利子ヲ附シ收入支出ヲ超過スルニ至リタルトキ第一ニ政府ニ償還スヘキモノトス

(タイプ紙1號) 南滿洲鐵道株式會社

第十七條　政府ニ於テ將來本鐵道ニ接續スル支線或ハ延長線ヲ建設スルトキハ政府ハ支那國資金ヲ以テ自ラ其ノ建造ヲナスヘク外國資金ヲ要スル場合ハ別ニ規定セルモノヲ除キ第一ニ會社ニ申込ムヘシ其ノ支線或ハ延長線ノ里數及距離ハ政府之ヲ決定ス

第十八條　本鐵道ノ利益ヲ増進シ併セテ南滿洲鐵道トノ連絡ヲ十分ナラシメムカタメ政府及會社ハ互ニ委員ヲ派シ左記ノ事項ニ付商定スヘシ

一、本鐵道ト南滿洲鐵道トノ連絡連輸方法

二、本鐵道頭道溝驛ト會社長春驛トノ連絡及停車場ノ共同使用ニ關スル方法

(5. 11. 鮎川納)

テ本鐵道ノ改良及殘工事ヲ完成スルコト並之ニ要スル豫算ヲ作成スルコト以上ニ要スル資金ニ就テハ政府ヨリ會社ニ隨時借款ヲ申込ムヘシ

細目契約

第七條　契約第十七條ノ將來建造スヘキ本鐵道トノ接續支線或ハ延長線ノ建設資金契約第十八條各項ノ資金及本鐵道ニ於テ隨時車輛ヲ增加シ工事ヲ擴張シ財產ヲ增加スル等ノタメニ投下スル資金ハ政府ノ出資金ナルト會社又ハ其ノ他ヨリノ借入金ナルトヲ問ハス均シク利子ヲ附スルモノトシ本鐵道勘定ヨリ之ニ對スル利子及每年償還スヘキ借款償還額ヲ支拂タル後ニアラサレハ純益ノ計算ヲナスコトヲ得サルモノトス

(タイプ紙1號) 南滿洲鐵道株式會社

第八條　本鐵道ノ會計ハ交通部所定ノ鐵道會計則例ニ依ルモノトシ毎年度ニ於テ總收入中ヨリ本鐵道ノ維持補修費、減價準備費、事務費其他一切ノ經費、當該年度ニ於テ支拂フヘキ本借款ノ元利竝契約第十七條及第十八條ニ依ル建設若ハ改良資金ノ元利及契約第八條第一項、第三項ニ依ル借入金ノ元利支拂ニ必要ナル金額ヲ控除シタル殘額ヲ純益トス

毎年度ノ總決算計上額ハ交通部ノ檢定ヲ經ルモノトシ會計ニ分配スヘキ純益ノ二割ハ本鐵道ヨリ會計ニ交付シ殘餘ノ八割ハ政府ノ所得トスヘシ

(5. 11. 鮎川納)

(タイプ紙1號) 南滿洲鐵道株式會社

附屬第一號

譯文

路字第八三號　中華民國十四年四月二十二日

滿鐵代表　局長

拜啓

本鐵道利益金滿鐵配當額ハ從來每年度決算終了後會計處ノ請求ニ依リ利益金貳割額支出致居候處本件ニ關シ交通部ヨリ借款契約第七條及第八條ノ解釋ニ就キ異ナレル見解ヲ有スルヤノ趣ニテ現行ノ計算方法ニ依リ處理スルニ便ナラサル旨屢次訓告ノ次第モ有之然ルニ今般同社ヨリ本配當金交

(5. 11. 鮎川納)

南滿洲鐵道株式會社　(タイプ紙1號)

附方督促アリシヲ以テ本件何分ノ決定ヲ見ル迄十二年度同社取得ノ利益配當金ハ矢張リ會計處請求ノ通大洋九萬參千五拾九元參分也假拂トシテ支出シ置キ將來交通部ニ於ケル解釋ノ詳明ヲ俟ッテ分配金額ニ就キ更メテ御通知申上クル事ニ致度候條

右ニ御了知相成度

此段通知得貴意候

(5. 11. 鮎川納)

附屬第二號

代表宛局長公文路字第一八一號 譯文

拜啓 交通部訓令第一五五六號ヲ以テ貴路ニ於ケル毎年度利益金ノ決算方法ニ就キ借款契約第七條ニ鐵道純益ノ内ヨリ本借款ノ元利竝第八條第二項ニ依ル政府塡補金ノ元利及同條第三項ニ依ル會社借入金ノ元利ノ償還ニ必要ナル金額ヲ控除シタル殘額ノ貳割ヲ會社ニ分配スヘシト規定シアリ又借款細目契約第七條ニ政府ノ出資金ナルト會社又ハ其他ヨリノ借入金ナルトヲ問ハス均シク利息ヲ附スルモノトシ之ニ對スル利息及毎年償還スヘキ借款元金ハ均シク之ヲ本鐵道勘定ヨリ仕拂ヒタル後ニ非レハ純益ノ計算ヲナスコトヲ得サルモノトスト規定シアリ從テ以上

(タイプ紙1號) 南満洲鐵道株式會社

ノ規定ニ依レハ貴路ニ於ケル毎年度利益金ノ決算ハ先ツ政府ノ出資金及塡補金ノ元利ヲ控除シタル後ニ非レハ純益ノ分配ヲナス事ヲ得サルニ却テ貴路ハ従來利益金決算ノ際先ツ政府ノ出資金及塡補金ノ元利ヲ控除セスシテ直チニ純益ノ分配ヲナスカ右ハ寔ニ不合理ニ付今後ハ契約ニ規定セル辦法ニ照ラシ御取計相成度猶歴年政府カ貴路ニ支出シタル額ハ貴路十二年度ノ年報ニ依レハ政府長期資金及該政府暫墊款ハ已ニ貳百参拾六萬餘元（十二年度下半期及十三年度利益金ヲ含マス）ニ對シ居ルモ本資金ハ契約第七條ニ依レハ本々毎期利益金分配以前ニ政府ニ償還スヘキモノニテ且第八條第二項ニ收入支出ニ超過スルニ至リタル時ハ先ツ政府ニ償還スヘキモノトスト規定シアリ而シテ本部ハ目下各種ノ借款ヲ償還セントシ巨額ノ資金ヲ要スルニ付前記

(5. 11. 鮎川納)

南滿洲鐵道株式會社（タイプ紙1號）

塡補金御償還相成度猶若シ全額ヲ一時ニ支拂フコトヲ得サレハ貴路ニ於テ適宜分期償還辦法ヲ擬具シ本部ニ御回報相成ルモ差閊ヘナキ旨示達有之候條

右ニ御了知相成度此段移牒得貴意候也

(5. 11. 鮎川納)

南満洲鐵道株式會社　(タイプ紙1號)

附屬第三號

局長宛

拜啓　貴翰路字第一八一號ヲ以テ政府長期資金及政府暫墊款償還ノ方法ヲ講スヘキ儀交通部ヨリ訓令アリタル旨御移牒敬承致候按スルニ交通部ノ指令ハ大正六年十月十二日締結吉長鐵道借款契約及同日締結吉長鐵道借款細目契約ニ記載セル諸條項ノ解釋ニ關スル儀ナル處從來本鐵道ノ採リ來レル純益算出方法ハ契約ノ規定ニ照シ何等違背スル處ナシト確信致居候ニ付小職トシテハ交通部ノ指示通リ事ヲ處理致兼候尚本件ニ關シテハ交通部

満鐵代表

(5. 11. 鮎川納)

南滿洲鐵道株式會社 (タイプ紙1號)

要求ノ次第ヲ南滿洲鐵道株式會社ニ通知致置候ニ付貴局長ヨリハ交通部ニ對シテ此ノ上交通部カナホ本鐵道ニ對スル同部投下資金元利金償還ヲ請求セムトスルニ於テハ前記吉長鐵道借款契約第四條第二項ノ規定ニ從ヒ先ツ南滿洲鐵道株式會社トノ間ニ本問題ノ取計方ヲ明確ニ取極メラレ然カル後本鐵道ニ對シ何分ノ指圖有之度旨御上申煩度此段回答得貴意候　敬具

(5. 11. 鮎川納)

南満洲鐵道株式會社　(タイプ紙1號)

附屬第四號

本路毎年度純益計算方法ハ交通部ト滿鐵會社トノ見解同シカラサルヲ以テ客年六月末日限リ打切リタルモ十三年度會計ハ尚ホ未決算ノ儘ニテ之ヲ此ノ儘永ク放任シ置クトキハ會計整理上殊ニ不便ヲ感スル不而已目下政局ハ一時ニ解決容易ナラサルニ付變通辦法トシテ先ツ十三年度ヲ從來ノ方法ニ依リテ決算シ置キ他日交通部ト滿鐵トノ折衝ノ結果從來ノ算法ニ誤錯アラハ本年度決算ニ追溯スルコト可能ニ付ソノ上ニテ訂正ヲ行フコトニ致度旨貴翰第二九號ヲ以テ同意方御提議ノ趣致敬悉候然ル處本路毎年度純益計算ハ客年交通部訓令第一五五六號ニ依リ取扱フコトニ可致若シ滿鐵會社カ見解ヲ同シクセサレハ其ノ理由ヲ提出

(5. 11. 鮎川納)

(タイプ紙1號) 南滿洲鐵道株式會社

交通部或ハ本路ニ向ツテ詳細ニ説明シ解決スルコトニ致度候處十三年度會計速ニ決算致度旨已ニ御來示ノ趣モアリ雙邊辦法ニ依リ處理セサルヲ得サルヲ以テ本局長未タ異議ヲ固執スルニ便ナラザルモ將來交通部ニ於テ若シ承認ヲ與ヘサレハ追溯改正可致候ニ付右ニ御了知相成度此段回答得貴意候也

民國十五年三月廿七日

局長 魏武英

滿鐵代表

中川增藏殿

(5. 11. 鮎川納)